银行柜员对私业务

主　编　熊淑慧
副主编　周茂建
参　编　宋　琳　王　翠　吴宝林

中国海洋大学出版社
·青岛·

图书在版编目(CIP)数据

银行柜员对私业务 / 熊淑慧主编. —青岛:中国海洋大学出版社,2018.12

ISBN 978-7-5670-1500-5

Ⅰ.①银… Ⅱ.①熊… Ⅲ.①银行业务－中等专业学校－教材 Ⅳ.①F830.4

中国版本图书馆 CIP 数据核字(2018)第 279440 号

出版发行 中国海洋大学出版社
社　　址 青岛市香港东路 23 号　　邮政编码 266071
出 版 人 杨立敏
网　　址 http://www.ouc-press.com
电子信箱 cbsebs@ouc.edu.cn
订购电话 0532－82032573(传真)
责任编辑 孙宇菲　　电　　话 0532－85902469
印　　制 青岛泰兴印刷有限公司
版　　次 2018 年 12 月第 1 版
印　　次 2018 年 12 月第 1 次印刷
成品尺寸 185 mm×260 mm
印　　张 10.75
字　　数 255 千
印　　数 1～1000
定　　价 38.00 元

发现印装质量问题,请致电 0532－83812887,由印刷厂负责调换。

前言

Preface

本书是中职金融事务专业银行柜员综合业务系列课程之一，担负着培养与金融行业发展相适用，品德优秀，技能过硬，具有一定知识结构和综合能力的优秀银行柜员和营销人员的任务。

本书共七个模块：银行柜员基本知识、银行理财与金融营销基础知识、活期储蓄业务、定期储蓄业务、储蓄特殊业务、个人代理业务、个人网上银行。其中，前两个模块为基础理论，后五个模块为业务实训。

本书针对金融事务专业中职学生基本就业岗位需进行的理论与实训学习，通过学习和训练，使学生基本掌握银行柜员所具备的基础知识和营销技巧，初步了解银行柜员的基本业务流程，掌握银行柜员业务操作技巧和方法，为适用未来工作岗位打下坚实的基础。同时，逐步培养起学生遵纪守法、爱岗敬业的意识，提高学生适用未来社会，开拓自身发展的能力。

本书在编写过程中，得到了银行和相关专家的大力支持。其中，青岛市教研室刘其伟部长、中国银行香港路支行程熙忠行长给予了大力支持与帮助，中国银行山东省分行专家宁秋花女士和日照银行青岛分行个人业务部总经理潘淑婷女士分别审阅并提出了诚恳的意见和建议，在此一并表示感谢！本书是熊淑慧在多年金融教学实践经验的基础上，经过总结、提炼、整合形成了初稿，由周茂建对全书进行了补充修正，宋琳、王翠、吴宝林分别对第一、二模块，第三、四、五模块，第六、七模块进行了详细修正，最后由熊淑慧统编定稿。由于编者水平有限，疏漏和不足之处在所难免，敬请专家和读者指正！

编者

2018 年 9 月

目 录

Contents

基础理论

模块 1　银行柜员基本知识 …… 2

1.1　银行储蓄基础知识 …… 2

1.2　银行出纳基础知识 …… 7

1.3　银行会计基础知识 …… 16

模块 2　银行理财与金融营销基础知识 …… 32

2.1　银行理财基础知识 …… 32

2.2　金融营销基础知识 …… 43

业务实训

模块 3　活期储蓄业务 …… 55

3.1　初始操作与日初处理 …… 55

3.2　活期储蓄业务 …… 63

模块 4　定期储蓄业务 …… 87

4.1　定期储蓄基本知识 …… 87

4.2　定期储蓄实务操作 …… 91

模块 5　储蓄特殊业务 …… 121

5.1　特殊业务基础知识 …… 121

5.2　特殊业务实务操作 …… 123

模块 6　个人代理业务 …… 145

6.1　个人代理业务基本规定 …… 145

6.2　个人代理业务实务操作 …… 146

6.3　储蓄日终处理 …… 157

模块 7　个人网上银行 …… 160

7.1　个人网上银行概述 …… 160

7.2　个人网上银行业务 …… 162

基础理论

模块1　银行柜员基本知识

学习提示

银行储蓄知识
- [了解]储蓄的由来
- [理解]储蓄的发展形式
- [掌握]储蓄的职能、作用、政策、原则

银行出纳知识
- [了解]出纳的地位与作用；现金库房和尾箱管理规定
  假币的鉴别与防范
- [理解]银行出纳业务基本原则
- [掌握]现金收付与整点的要领与基本要求

银行会计知识
- [了解]表内科目与表外科目的含义及会计凭证的含义
- [理解]储蓄会计凭证与账务组织
- [掌握]会计科目应用；记账方法；错账冲正；利息计算

1.1　银行储蓄基础知识

一、储蓄的由来

在我国，“储蓄”一词始见于《后汉书》：“古者急耕稼之业，致耒三耜之勤，节用储蓄，以备凶灾。”这里的“储蓄”指的是积谷防饥，可见储蓄的原意是指把实物或货币积储起来，以备日后所需。储蓄行为最早是人类对食物的积贮，以后逐渐发展到皮毛、工具等。

货币产生以后储蓄行为又包括了对货币的贮藏。今天常说的储蓄货币就其内容虽然有所不同，但是从勤劳节约和有备无患两方面的含义来说，其意义是一致的。

二、储蓄的发展形式

在不同时期和不同社会经济条件下，人们对储蓄有不同的要求，因而储蓄就有了不同的发展形式。

（一）实物储蓄

实物储蓄即储存实际物品，是人类社会原始的储蓄形式。限于经济条件和生活水平，

在社会产品供应不稳定时，人们往往储蓄实物，尤其在特殊时期，如战争、大灾之年更是如此。例如，我国北方地区的冬储大白菜、南方地区的腌制食品都是实物储蓄。

实物储蓄能使财富的积累与使用价值的保存自然地统一起来，具有不受货币贬值的影响、保值性强的优点，但实物储蓄也有其局限性，实物存放时间过长会变质、损失，从而失去其使用价值，并且在生产力水平较低时，不能使有限的社会财富得到充分运用。

（二）货币储蓄

货币储蓄是以货币作为储藏对象的一种储蓄形式。货币储蓄一般不受时间和空间的限制，具有更大的灵活性。但是，对个人来说，储蓄货币可能会受到通货膨胀的影响；对社会而言，被贮藏的货币退出流通领域，不参与社会再生产，这不利于经济的发展和社会的进步。

案例：1999年10月第五套人民币发行，有些人由于不太了解，迟迟不敢使用，甚至有人因此受到损失。

1999年12月9日，四川彭州一村民杨先生的父亲去世，他从银行取了6 000元新版人民币回家准备办丧事。他将钱放在家中，随后又外出办事，杨母以为6 000元现金是儿子买回来“孝敬”父亲的冥币，便将钱在丈夫灵前全部焚烧。杨某回家发现，说那纸币是新版人民币，其母一病不起。

案例：一则报道说，一老者将一生的积蓄藏于床下，严重受潮发霉，黏结成“砖块”；另一农民将积蓄藏于炕洞，变成了一堆被老鼠啃碎的纸屑。这类现象说明有些人习惯保存现金而不愿储蓄。

（三）银行储蓄

随着信用制度的建立和现代银行体系的形成，储蓄方式发生了质的变化，由个人储藏货币发展到把货币存入银行机构，成为信用形式的储蓄存款。银行储蓄是指城乡居民将手中待用或结余的货币有条件地存入银行机构的一种信用活动。银行储蓄是建立在银行信用基础上的储蓄，储户把货币使用权暂时让渡给银行，从而形成了所有权与使用权相分离的信用关系，即以偿还本金和支付利息为条件的借贷关系。正是由于这种分离，产生了巨大的社会效益。这种效益主要表现在三个方面：

一是储户受益：储户通过储蓄，既积累了货币，又获得了一定的利息收益。

二是银行受益：银行通过对储蓄资金的使用，以利差或投资收益等形式取得经营收入。

三是社会受益：银行储蓄使金融机构对社会范围内的货币余缺进行有效的调节，改善了社会资金的供给和需求，同时，银行储蓄为经济发展提供充足的资金，为经济能够长期快速发展提供了坚实基础。

银行储蓄是储蓄发展的高级形式，它既能使储户实现价值储备的目的，又能使货币在流通领域充分发挥职能实现货币增值、社会增效的目的。因此，从个人货币储蓄发展到信用形式的银行储蓄是储蓄发展的一个巨大飞跃。

归纳总结

(1)储蓄的发展:实物储蓄—货币储蓄—银行储蓄。
(原始形式)　　　　(高级形式)

(2)储蓄的社会效益:主要体现在三个方面,即储户受益,银行受益,社会受益。

三、银行储蓄的职能

银行储蓄的产生、发展及其内涵,决定了它具有各种职能,银行储蓄在现代社会经济中发挥着越来越重要的作用。

(一)积累职能

储蓄的积累职能是指储蓄具有积少成多的功能。对个人来讲,银行储蓄可以使本金积少成多,还能获得利息收益。对社会来说,储蓄能扩大信贷资金实力,扩大社会信用供给总量,将一部分消费资金转化为生产资金,促进经济发展,增加社会财富。

(二)投资职能

储蓄不但具有积累职能,也是一种较好的投资方式。储蓄的投资职能主要体现在:储户在资本增值上不仅仅有获得利息这一种形式,还可以以各种分红形式获得利润。如银行推出的各种家庭理财方式都具有投资性质。储蓄作为一种金融投资方式,具有收益率较低,但风险小、安全可靠的特点。

(三)分配职能

储蓄是国民收入二次分配的补充形式。储户通过储蓄机构、储蓄种类、金额和期限的选择,影响了储蓄机构之间的存款比例和存款结构,从宏观和微观方面都影响了储蓄存款的构成,最终通过银行信贷活动作用于社会经济活动过程,影响社会再分配。

(四)延期消费职能

通过储蓄可以把现在的消费延后到将来某一个时间点再进行。银行储蓄起着"蓄水池"的作用,一方面调节一定时期内商品可供量与货币购买力之间的关系;另一方面也有助于储户合理安排消费,提高消费的总效能。

四、银行储蓄的作用

银行储蓄能使储户实现价值储备的目的,又能使货币在流通中实现增值,发挥社会效益。因此,银行储蓄对于我国社会经济发展起着重要的作用。

(一)积聚社会闲散资金,壮大银行信贷资金实力

目前,在我国社会主义市场经济条件下,间接融资还属于主要的融资方式,为广大的企业和个人所普遍采用。银行作为主要的融资中介,其信贷资金实力直接影响社会信用供应总量,从而影响社会经济发展。

储蓄是银行的一种重要筹资方式,通过储蓄将社会闲散资金积聚起来,积少成多,续

短为长，壮大了银行的资金实力，进而变消费资金为生产资金，投入于社会经济活动中，促进社会经济的发展。

（二）蕴蓄社会购买力，调节货币流通

储蓄存款使得部分购买力退出流通领域并被蕴蓄起来，从而减少即期的社会购买力，缓和商品供需矛盾，进而促进社会总供求平衡，最终起到稳定货币流通和促进货币币值稳定的作用。

（三）引导消费，改善人民生活

居民通过储蓄可以合理安排生活收支，有计划、有目的地改善家庭生活。通过合理安排货币在收支上产生的“时间差”“空间差”和“数量差”，使货币收支基本平衡，从而提高消费总效能，提高生活质量。目前各家银行推出的各种家庭理财方式，通过优化投资组合，为广大居民提供了便利。

知识链接：改革开放后我国迅速增长的储蓄存款对经济发展的重要作用

储蓄为经济发展提供充足的资金，储蓄资金是经济建设的资金来源，为经济快速发展提供了坚实基础，储蓄存款余额的迅速增加是公众对社会经济稳定、金融健康具有信心的直观表现。

但是高储蓄在支持经济快速发展的同时，在一定程度上制约了消费，加大了银行的风险。未来一段时期，我国居民储蓄仍将保持高增长的势头，应合理引导储蓄分流，拓展个人投资领域，进一步理顺储蓄转化为投资的渠道。

五、我国储蓄的政策

储蓄对社会经济发展起着重大作用，它涉及社会生产生活及人民切身利益。因此，我国历来重视储蓄工作，切实维护储蓄机构和广大储户的合法权益，促进储蓄事业的健康发展。国家对储蓄实行保护和鼓励的政策。个人在储蓄机构的合法储蓄存款受到国家法律的保护，任何单位和个人都不得侵犯，并通过法律的形式予以规定。

知识链接：为贯彻保护和鼓励储蓄的政策，国家对个人储蓄作了若干具体规定

1. 对个人的储蓄存款，任何单位、任何个人都不得侵犯

法院、检察院或安全部门在处理案件时，若需要查询或要求暂停支付储户的存款，必须向银行出具有法律效力的正式查询公函或正式通知，只有人民法院的正式判决书，才能没收储蓄存款，此外，其他任何部门、任何单位、任何个人都无权查询或要求冻结、没收个人的储蓄存款。

2. 保护个人存款的继承权

存款人死亡后，其生前的储蓄存款可以转移给法定继承人或按死者的遗嘱处理。

六、我国储蓄的原则

为了具体贯彻保护和鼓励人民储蓄的政策，储蓄工作必须遵循“存款自愿，取款自由，存款有息，为储户保密”的原则。

（一）存款自愿

存款自愿，是指居民是否参加储蓄存款，存多存少，期限长短，存取时间，存取方式，储蓄所的选择，采取哪一种储蓄形式，到哪一个储蓄所存款等，都只能由居民自己选择和决定，不受银行和任何人的干涉。

只有坚决贯彻存款自愿原则，居民才可能解除不必要的顾虑，把可能储存的货币存入银行。否则前面存进来，后面就取走，不但增加群众麻烦，造成银行人力物力浪费，而且会使银行存款额度越来越少。

当然，贯彻存款自愿原则也不等于放任自流，消极对待。银行应当通过加强调查研究、做好宣传工作、提高服务质量、对储户的储蓄进行必要的指导，积极揽储，促使居民的储蓄愿望更多、更快地变成自觉自愿的储蓄行动。

知识链接：银行业竞争越来激烈 各银行加大宣传力度

随着银行业之间的竞争越来越激烈，各大商业银行不仅在推出的业务上花样翻新，而且也加大了自身的宣传力度。右图为在大街上有关金融的广告，占据了相当的数量。

（二）取款自由

取款自由，是指储户对自己的存款何时取，取多少，做什么用，都由储户自己决定，银行或其他任何人不得过问，更不允许无故刁难。取款自由同存款自愿是互为条件，密切相关的两条原则。只有坚持取款自由原则，人们才可能踊跃地把可能存入银行的货币全部毫无顾虑地自愿存入银行。

坚持取款自由原则，必须有一整套与之相适应的储蓄章程、制度。首先，取款自由意味着它必须便利储户存款的提取。例如，如果储户急需提取没有到期的定期存款，可以办理提前支取手续。其次，取款自由要注意防止坏人冒领存款或利用储蓄账户套取现金进行非法活动。银行贯彻这一原则时，对取款进行审查也是必要的。这与取款自由并不矛盾，而是保护了储户的利益。只有保障储户存款的安全，才能真正实现取款自由的原则。

（三）存款有息

存款有息，是指银行对储蓄存款要按照国家规定的利率付给一定的利息。储蓄反映了储户与储蓄机构之间的一种借贷关系，付给储户利息，是我国社会主义市场经济的客观需要。这是国家鼓励人民群众积极参加储蓄的一项重要原则，体现了国家利益和储户利益紧密结合、高度统一的利益关系。

贯彻存款有息原则，应该正确地制定利率政策，规定合理的储蓄利息计算方法。

（四）为储户保密

为储户保密，是指储蓄机构对储户存款的金额、种类、户名、地址、印鉴式样、密码及存取情况等保密，不得向任何单位、个人透露。

为了严格执行为储户保密的原则，储蓄机构及其储蓄工作人员，应遵守“四不”纪律：在柜台上不议论储户存款数字；回家后对亲戚朋友不谈论储户存款的情况；未经储户同意，对外宣传不引用储户的真实姓名，也不能用储存金额或有关情况作为典型材料；没有合法手续，对任何单位或个人不提供储户的储蓄情况。

案例：2005年8月18日，某银行来了一位老者，自称是某省林业局副局长，提交工作证和该局公函，要求业务员查询其下属某处长的个人储蓄存款资料。业务员应如何处理？

查一查：

(1)哪些机构可以查询个人存款资料？需要经过哪些手续？

(2)哪些机构可以冻结个人存款？需要经过哪些手续？停止支付的最长期限是多少？

知识链接：银行客户忠诚度及其价值

客户忠诚度是指客户对企业及其提供的产品与服务的依恋或爱慕的程度。就银行业来说，客户保持率提高5个百分点时，银行储蓄中每个客户的净值将增长83%，因此，现代金融企业必须加强对客户忠诚度的管理。由传统的“以产品为中心”转变为“以客户为中心”，改变“有什么就提供什么”的旧思路，树立“客户需要什么就提供什么”的新思想。并对客户进行有效的差异细分，以提供相应的金融服务。

1.2 银行出纳基础知识

出纳指收入与支出的收付行为。银行出纳业务指对现金、贵重金属、有价证券的收付、兑换、整点、保管和调运的总称。

一、银行出纳的地位和作用

银行出纳在国民经济中处于货币流通的总枢纽地位，是全国的现金出纳中心，与国民经济各部门有着密切的联系。商业银行的现金出纳工作对促进我国经济发展起着十分重要的作用。

（一）经办现金收付，促进国民经济发展

通过商业银行的现金出纳部门将票币源源不断地投入社会，从而满足国民经济各部门发展生产和商品流通的需要。同时银行出纳部门对实现购买和支付的货币经过收入现金,整点入账,最后再回到中央银行,完成货币从投放到回笼的循环。因此,银行现金出纳起着联结市场、联结国民经济各部门的桥梁作用。做好货币投放和现金回笼工作,对国民经济的发展起着巨大作用(图 1-1)。

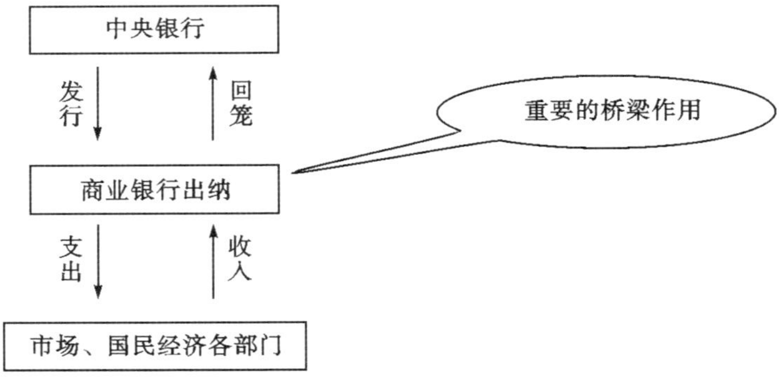

图 1-1 货币投放与现金回笼示意图

(二)合理调剂主辅币比例,满足市场流通的需要

银行出纳通过票币兑换和柜面配付等业务,能够主动调剂市场上各种票币的比例,使流通中货币券别适应商品流通需要,从而促进商品交换的正常进行,推动社会经济的发展,方便人们生活。

(三)维护财经纪律,打击经济犯罪活动

银行出纳部门在办理大量的现金收付过程中,要认真审查款项的来源和用途是否合理,对正当的收付,要热情、及时办理;对违反财经纪律、违反现金管理规定的不合理开支,要坚持原则,不予办理。另外,通过对票币的鉴别,可以发现伪造、变造的人民币,维护人民币的信誉,从而保障国家集体和个人的利益。

(四)发挥综合反映作用,为宏观决策提供经济信息

银行出纳部门通过自身业务活动,可以获得国民经济各部门、各单位现金收支信息,而这些信息又在一定程度上反映了各部门的经济活动情况。因此,银行出纳部门对现金收支信息的收集、整理和反映,可以为宏观经济管理部门的宏观决策提供信息支持。

二、银行出纳业务的基本原则

(1)"四双原则":双人管库、双人运钞、双人守库、双人押运。

(2)钱账分离、日清日结、账款相符、交接清楚。

(3)收入现金,先收后记;付出现金,先记后付。

(4)坚持查库制度,严禁挪用库存现金,严禁白条抵库,严禁私自炒套汇,出入库现金必须经过复核,做到手续严密,数字准确。

(5)维护国家利益和银行信誉,服务热情,注重效益。

三、现金收付与整点

(一)现金收付的基本要领

(1)实行单人临柜,必须配有监控设备,录像保留一般3个月(储蓄业务),办理大额现金收付款业务(各支行规定不同),必须换人复核。

(2)实行双人临柜,经办和复核按各自职责,按收付款业务性质来承担责任。(对公业务)

(3)清点现金须在客户目视下清点。

(4)付款当面点清,提倡"唱收唱付",严防串户错付。

(5)付款客户点收时出现差错,柜员应立即复核更正。

(6)收付款都要做到"一笔一清"。

知识链接:清点现金按"三先三后"程序操作

"三先三后"即先点大数(卡捆卡把)、后点细数,先点主币、后点辅币,先点大面额票币、后点小面额票币。收入现金必须坚持手工清点,使用验钞仪逐张核验(正面、背面各核验一遍,注意防范假币、区分版别),并用带有检伪功能的点钞机进行两遍复点。

案例:客户携现金要求存款50万元,柜员接款后未当面清点核对,随即将现金移至另一柜台开始清点,一个小时后清点完毕,发现只有48万元,但客户坚持是50万元,双方争执上告法院。

法院判决:因为客户已声明存款金额,柜员未当面清点、核对,而是将现金移至另一柜台,柜员存在过错,银行和柜员应赔偿。

(二)现金整点的基本要求

现金整点是银行出纳的基础工作,包括对票币的分类、分版、点数、挑残、反假以及按规定进行整理、封装等工作。

(1)凡收入的现金,应进行整点,必须达到"五好"钱捆的要求。

点准:清点票币做到不错不乱,准确无误。

挑净:根据规定的标准将不能再流通使用的损伤券挑出来,与完整券分开整理。

墩齐:票币要平铺,对折角、弯折、揉搓过的票币要将其弄直、抹平,然后墩齐,使票币四条边水平。

捆紧:将票币呈双十字形捆扎。捆扎前将十把票币理齐,第一把票币上垫一张与票币大小相同的纸,绳索接头处应在垫纸上面,在绳索接头处粘贴封签,加盖封捆员名章。损伤券封签加盖"破"或"损伤"字样的戳记。

盖章清楚:出纳员在封条侧位盖上个人名章。一捆票币的名章应统一而且盖章要清晰。

(2)外币整点:外币整点和人民币整点的要求基本相同。经整点后的外币正背面朝向要一致,图案不得上下颠倒。

知识链接:中国人民银行残缺污损人民币兑换办法的有关规定

残缺、污损人民币兑换分“全额”“半额”两种情况。

(1)能辨别面额,票面剩余四分之三(含四分之三)以上,其图案、文字能按原样连接的残缺、污损人民币,金融机构应向持有人按原面额全额兑换。

(2)能辨别面额,票面剩余二分之一(含二分之一)至四分之三以下,其图案、文字能按原样连接的残缺、污损人民币,金融机构应向持有人按原面额的一半兑换。

(3)纸币呈正十字形缺少四分之一的,按原面额的一半兑换。

(4)兑付额不足一分的,不予兑换;五分按半额兑换的,兑付二分。

四、现金库房管理

出纳库房是存放现金、金银的专用金库。库房必须坚固,符合安全条件,应有通风、防潮、防火以及报警等安全防范设施。

1. 凡入库的现金、金银都必须有账记载,出入库须填制出入库凭证

库内不准存放其他物品。

2. 库房要装备两把不同钥匙的锁,并备正副钥匙各一套

正钥匙由两名管库员分别掌管,不得随意放置或托他人保管代开库房。副钥匙由管库员会同主管行长、出纳业务负责人当面分别共同密封,加盖印章,办理登记签收手续,并由主管行长和出纳业务负责人分别妥善保管。

3. 库内实物要分种类保管,保持整洁

库内严禁吸烟、生火炉和存放易燃易爆物品,防止火灾,防止库内现金、实物发生霉烂、虫蛀、鼠咬、被窃事故,库内及库周围的各项安全设备要经常检查,如有损坏,须及时维修或更换。

4. 各行必须建立查库制度

行长和出纳业务负责人要经常不定期查库。上级行对下级行也要不定期进行查库,查库时须携带查库介绍信。各行库应建立“查库登记簿”。

五、尾箱管理

(一)什么是尾箱

尾箱是便于现金收付而设置的存放本外币现金、有价证券、重要凭证及有关业务公章、个人名章的专用箱。

尾箱是以岗设箱,一岗一箱。每天营业终了必须和会计人员核账,对公、储蓄分别核实后再和库存现金对账,做到账实相符、账款相符、账账相符。

(二)尾箱的保管

非营业时间必须入库保管,中午休息放入专用保险柜。尾箱经管人不得随意离岗,做到人离箱锁,要确定监管人、网点负责人为尾箱监管第一责任人。

六、假币的鉴别与防范

银行出纳工作人员，要保证货币的正常流通，在货币的收付工作中，必须严格防范、严厉打击假人民币、假外币的违法犯罪活动。做好反假工作有利于维护人民币的良好信誉，保护人民币的合法地位，稳定货币流通的正常秩序，保护国家、集体和个人的切身利益。因此，做好商业银行柜面反假工作具有十分重要的意义。

（一）真假人民币的鉴别方法

识别人民币纸币真伪，通常采用"一看、二摸、三听、四测"的方法。

一看：

(1)看水印。第五套人民币各券别纸币的固定水印位于各券别纸币票面正面左侧的空白处，迎光透视，可以看到立体感很强的水印。100元(图1-2)、50元(图1-3)纸币的固定水印为毛泽东头像图案。20元、10元、5元纸币的固定水印为花卉图案。

(2)看安全线。第五套人民币纸币在各券别票面正面中间偏左位置，均有一条安全线。100元、50元纸币的安全线，迎光透视，分别可以看到缩微文字"RMB100""RMB50"，仪器检测均有磁性；20元纸币，迎光透视，是一条明暗相间的安全线，10元、5元纸币安全线为全息磁性开窗式安全线，即安全线局部埋入纸张中，局部裸露在纸面上，开窗部分分别可以看到由微缩字符"￥10""￥5"组成的图案，仪器检测有磁性。

(3)看光变油墨。第五套人民币100元券和50元券正面左下方的面额数字采用光变墨印刷。将垂直观察的票面倾斜到一定角度时，100元券的面额数字会由绿色变为蓝色；50元券的面额数字则会由金色变为绿色。

(4)看票面图案是否清晰，色彩是否鲜艳，对接图案是否可以对接上。第五套人民币纸币的阴阳互补对印图案应用于100元、50元和10元券中。这三种券别的正面左下方和背面右下方都印有一个圆形局部图案。迎光透视，两幅图案准确对接，组合成一个完整的古钱币图案。

(5)用5倍以上放大镜观察票面，看图案线条、缩微文字是否清晰干净。第五套人民币纸币各券别正面胶印图案中，多处均印有微缩文字。100元微缩文字为"RMB"和"RMB100"；50元的为"RMB50"和"50"；20元为"RMB20"；10元为"RMB10"；5元为"RMB5"和"5"字样。

二摸：

(1)摸人像、盲文点、中国人民银行行名等处是否有凹凸感。

第五套人民币纸币各券别正面主景均为毛泽东头像，采用手工雕刻凹版印刷工艺，形象逼真、传神，凹凸感强，易于识别。

(2)摸纸币是否薄厚适中，挺括度好。

三听：

即通过抖动钞票使其发出声响，根据声音来分辨人民币真伪。人民币的纸张，具有挺括、耐折、不易撕裂的特点。手持钞票用力抖动、手指轻弹或两手一张一弛轻轻对称拉动，能听到清脆响亮的声音。

四测：

即借助一些简单的工具和专用的仪器来分辨人民币真伪。如借助放大镜可以观察票面线条清晰度、胶、凹印缩微文字等；用紫外灯光照射票面，可以观察钞票纸张和油墨的荧光反映；用磁性检测仪可以检测黑色横号码的磁性。

（二）假人民币的类型和特点

假人民币可以分为伪造币和变造币两种类型。

1. 伪造币

伪造币指仿造真币原样，利用各种手段非法重新仿制的各类假票币。按其伪造手段和方法有以下几种类型。

(1)手工描绘或手工刻版印刷的假币。这是一种手段落后、质量低劣的假币，是用手工雕刻塑料、木头制版进行印刷，伪造出来的假币质量非常低劣。这种假币全国各地都有，发案很普遍，具体每一种来说数量并不很多。它的特点是伪造手段落后，制版的材料很低劣，纸张也是市场上常见的书写纸和普通的胶版纸；颜料也是市场出售的绘画颜料，因而造出来的假币质量很差，比较容易识别。

(2)利用一般办公工具伪造的假币。这类假币最常见的就是黑白复印、彩色复印或激光复印，其主要特征：纸质为复印机专用纸，弹性差，手感光滑；线条呈点状结构；正反面出现色差，正面人像偏红或偏黄；水印是用白色油墨加盖在背面；在紫光灯或者紫外线照射下有强烈荧光反应；用冠字号码加印而成。

(3)使用小型的印刷设备制造的假币。这类假币主要通过照相制版，采用凸版印刷的方法，其质量比较精致，较之手工描绘具有更大的欺骗性。但由于其设备比较落后，印刷制版的条件和所采用的原材料都受到一定的限制，较之真币还是很低劣的。但是目前我国的印刷行业发展很快，特别是一些乡镇企业的小型印刷厂也参与假币印刷。这类印刷厂印刷的假币欺骗性就大一点。

(4)机制假币。所谓机制假币，就是利用现代化的制版印刷设备伪造的货币。近几年连续发现了几起较大的假币案，对社会的危害很大。这类假币主要从中国香港、台湾流入，比较逼真，版别也较多。

(5)利用化学药品复印的假币，通常被称为拓印币。其特征是油墨少而淡；图案显得清秀，像是水洗过似的，对常人具有一定的欺骗性。

2. 变造币

变造币指在真币基础上或以真币为基本材料，通过挖补、剪接、涂改、揭层等办法加工处理，使原币改变数量、形态，以此实现升值的假货币。其主要特征是票面不完整，如拼凑券是多条拼成的，揭页券无正面或无背面，挖补券是券别数字和文字被变造的。

知识链接:金融机构在办理人民币存取款业务发现假币应如何处理?

办理人民币存取款业务的金融机构发现伪造、变造的人民币,数量较多,有新版的伪造人民币或者有其他制造贩卖伪造、变造的人民币线索的,应当立即报告公安机关;数量较少的,由该金融机构两名以上工作人员当面予以收缴,加盖“假币”字样的戳记,向持有人出具中国人民银行统一印制的收缴凭证。

以下知识是第五套人民币的防伪特征和常见外币的防伪常识,如果你感兴趣,利用课余时间研究一下吧!

2005 年版第五套人民币防伪特征

2005 年 8 月 31 日起发行 2005 年版第五套人民币 100 元、50 元、20 元、10 元、5 元纸币和 1 角硬币,与 1999 年版第五套人民币同时流通。

2005 年版第五套人民币保持了 1999 年版第五套人民币主图案、主色调,规格不变,但对 1999 年版第五套人民币的印制生产工艺、防伪措施进行了改进和提高,并将年版号改为“2005 年”。与 1999 年版第五套人民币相比,2005 年版第五套人民币有下列新的特征:

第一,调整防伪特征布局。

2005 年版第五套人民币 100 元(图 1-2)、50 元(图 1-3)纸币正面左下角胶印对印图案调整到主景图案左侧中间处,光变油墨面额数字左移至原胶印对印图案处,背面右下角胶印对印图案调整到主景图案右侧中间处。

第二,调整防伪特征。

(1)隐形面额数字。调整 2005 年版第五套人民币各券别纸币的隐形面额数字观察角度。2005 年版第五套人民币各券别纸币正面右上方有一装饰性图案,将票面置于与眼睛接近平行的位置,面对光源做上下倾斜晃动,分别可以看到面额数字字样。

(2)全息磁性开窗安全线。2005 年版第五套人民币 100 元、50 元、20 元纸币将原磁性缩微文字安全线改为全息磁性开窗安全线。2005 年版第五套人民币 100 元、50 元纸币背面中间偏右,有一条开窗安全线,开窗部分分别可以看到由缩微字符“¥100”“¥50”组成的全息图案。2005 年版第五套人民币 20 元纸币正面中间偏左,有一条开窗安全线,开窗部分可以看到由缩微字符“¥20”组成的全息图案。

(3)双色异形横号码。2005 年版第五套人民币 100 元、50 元纸币将原横竖双号码改为双色异形横号码。正面左下角印有双色异形横号码,左侧部分为暗红色,右侧部分为黑色。字符由中间向左右两边逐渐变小。

(4)雕刻凹版印刷。2005 年版第五套人民币 20 元纸币背面主景图案为桂林山水,面额数字、汉语拼音行名、民族文字、年号、行长章等均采用雕刻凹版印刷,用手触摸有明显凹凸感。

第三,增加防伪特征。

(1)白水印。2005 年版第五套人民币 100 元、50 元纸币位于正面双色异形横号码下方,2005 年版第五套人民币 20 元纸币位于正面双色横号码下方,迎光透视,分别可以看到透光性很强的水印面额数字字样。

(2)凹印手感线。2005 年版第五套人民币各券别纸币正面主景图案右侧，有一组自上而下规则排列的线纹，采用雕刻凹版印刷工艺印制，用手指触摸，有极强的凹凸感。

(3)阴阳互补对印图案。2005 年版第五套人民币 20 元纸币正面左下角和背面右下角均有一圆形局部图案，迎光透视，可以看到正背面的局部图案合并为一个完整的古钱币图案。

(4)2005 年版第五套人民币各券别纸币背面主景图案下方的面额数字后面，增加人民币单位的汉语拼音“YUAN”，年号改为“2005 年”。

(5)2005 年版第五套人民币取消各券别纸币纸张中的红蓝彩色纤维。

(6)第五套人民币 1 角硬币的材质由铝合金改为不锈钢。

图 1-2　2005 年版第五套人民币 100 元纸币

图 1-3 2005 年版第五套人民币 50 元纸币

第五套人民币 100 元券、50 元券识别口诀

领袖水印票左边，迎光透视便可见。
中间偏左安全线，缩微字符在上边。
红蓝纤维映票面，细如发丝钞中现。
缩微文字在两面，仔细观察多处见。
凹版雕刻主图案，人像行名盲文点。
雕刻头像票右面，形象逼真见眼前。
阴阳互补似铜钱，对半平分钞两面。
横竖号码钞两边，黑蓝黑红要分辨。
光变数字左下边，旋转角度颜色变。
隐形数字右上边，装饰图案转斜面。

第五套人民币 20 元券、10 元券识别口诀

花卉水印票左边，迎光透视便可见。
明暗磁性安全线，半埋半裸竖票面。
红蓝纤维映票面，细如发丝钞中现。
缩微文字在两面，仔细观察多处见。
凹版雕刻主图案，人像行名盲文点。
雕刻头像票右面，形象逼真见眼前。
阴阳互补似铜钱，对半平分钞两面。
双色号码左下边，四红六黑紧相连。
隐形数字右上边，装饰图案转斜面。
白水印在左下面，相邻紧靠古铜钱。

1.3 银行会计基础知识

一、会计科目

储蓄会计科目是储蓄机构资产、负债和损益等会计事项的分类名称，是设置储蓄账户、记录和归集有关经济业务、确定报表项目的依据。储蓄会计科目按照与资产负债表的关系，可分为表内科目和表外科目两类。

（一）表内科目

表内科目主要反映资产负债增减变化和财务收支情况，包括资产类科目、负债类科目、损益类科目和资产负债共同类科目四种形式（表 1-1）。

表 1-1 表内会计科目

资产类	负债类	损益类	资产负债共同类
现金 储蓄业务备用金 其他应收款	活期储蓄存款 整存整取定期储蓄存款 零存整取定期储蓄存款 存本取息定期储蓄存款 代扣利息所得税 应付利息 其他应付款	利息收入 手续费收入 利息支出	辖内往来

（二）表外科目

表外科目是反映未涉及资金的实际增减变化而又必须记载的重要会计事项，主要包括：（1）重要空白凭证。

(2)有价单证。

(3)代保管有价值品。

(4)未发行债券。

(5)待销毁债券。

(三)几种主要会计科目的应用

1. 现金

现金是用于核算银行的现金收入、付出和结余,属资产类科目(图 1-4)。

现金

借方	贷方
现金收入(现金入行)	现金支出(现金出行)
现金结余	

图 1-4 现金的账户结构

2. 活期储蓄存款

活期储蓄存款是用于核算个人活期储蓄性质的存款,属负债类科目。其二级科目为存款人姓名(图 1-5)。

活期储蓄存款

借方	贷方
储户从活期账户中取走或转走款项	储户将款项存入或转入活期账户
	活期账户中的余额

图 1-5 活期储蓄存款的账户结构

3. 整存整取定期储蓄存款

整存整取定期储蓄存款是用于核算个人整存整取定期性质的储蓄存款,属负债类科目。其二级科目为存款人姓名(图 1-6)。

整存整取定期储蓄存款

借方	贷方
储户从定期账户中取走或转走款项	储户将款项存入或转入定期账户
	定期账户中的存款余额

图 1-6 整存整取定期储蓄存款的账户结构①

① 定期储蓄中还有“零存整取定期储蓄存款”和“存本取息定期储蓄存款”两个会计科目,其性质和用法与“整存整取定期储蓄存款”基本相同,不再赘述。

4. 其他应收款

其他应收款是用于核算、办理储蓄业务过程中发生临时性款项支出，如待查错账、出纳短款，属资产类科目（图 1-7）。

其他应收款

借方	贷方
发生临时性款项支出，如错账、短款	解决临时性款项支出，如错账、短款
尚未解决的错账和短款余额	

图 1-7　其他应收款的账户结构

5. 其他应付款

其他应付款是用于核算办理业务进程中发生的临时性款项收入，如待查错账、出纳长款等，属负债类科目（图 1-8）。

其他应付款

借方	贷方
解决银行发生的长款余额	银行发生的长款余额
	尚未解决的长款余额

图 1-8　其他应付款的账户结构

6. 利息支出

利息支出是用于核算各项储蓄存款利息支出，包括活期储蓄利息支出和定期储蓄利息支出等，属损益类科目（图 1-9）。

利息支出

借方	贷方
活期或定期利息支出	结转利息支出
利息支出总额，结转后余额为零	

图 1-9　利息支出的账户结构

7. 代扣利息所得税

代扣利息所得税是核算银行代国家征收的利息税，属负债类科目，有利息税时使用该科目（图 1-10）。

代扣利息所得税

借方	贷方
代缴利息所得税	代扣利息所得税
	表示代扣利息税余额

图 1-10　代扣利息所得税的账户结构

二、记账方法

储蓄业务记账方法采用借贷复式记账法，按照复式记账法的原理，以“资产＝负债＋所有者权益”平衡关系为基础，以“借”“贷”二字作为记账符号，以“有借必有贷，借贷必相等”为记账规则。

例 1：储户刘一持 10 000 元现金存入自己的活期账户。

借：现金　　10 000

　　贷：活期储蓄存款——刘一　　10 000

例 2：储户刘一支取活期储蓄存款 3 000 元。

借：活期储蓄存款——刘一　　3 000

　　贷：现金　　3 000

例 3：储户刘一将活期储蓄存款中的 1 000 元转存为 1 年整存整取定期储蓄存款。

借：活期储蓄存款——刘一　　1 000

　　贷：整存整取定期储蓄存款——刘一　　1 000

例 4：某日储户刘一去银行对活期账户进行销户，共得到现金 7 290.05 元，其中，本金 7 000 元，应付利息 290.05 元。

借：活期储蓄存款——刘一　　7 000

　　利息支出　　290.05

　　贷：现金　　7 290.05

例 5：某日营业终了，银行发现储蓄出纳短款 50 元。

借：其他应收款　　50

　　贷：现金　　50

例 6：某日营业终了，银行发现储蓄出纳长款 100 元。

借：现金　　100

　　贷：其他应付款　　100

归纳总结：储蓄的会计核算可归纳为六种类型

存款　取款　转账　销户　短款　长款

练一练：写出下列业务的会计分录

(1)王飞支取活期储蓄存款 1 000 元。

(2)张明续存活期存款现金 800 元。

(3)营业终了，发现储蓄出纳长款 400 元。

三、储蓄会计凭证

储蓄会计凭证分基本凭证和特定凭证两种形式。

(一)基本凭证

基本凭证是银行根据有关原始凭证及业务事实自行编制凭以记账的凭证。基本凭证按其性质和用途可分为：

(1)现金收入传票。

(2)现金付出传票。

(3)转账借方传票。

(4)转账贷方传票。

(5)特种转账借方传票。

(6)特种转账贷方传票。

(7)表外科目收入传票。

(8)表外科目付出传票。

知识链接：什么情况下用特种转账传票

特种转账传票是由银行自行填制并用以转账的传票。包括特种转账借方传票和特种转账贷方传票。如银行与客户签订代扣费协议后，每月代扣费时，银行可自行填制特种转账传票代替记账凭证进行记账。再如，银行因故需要强行收回储户贷款时，可自行填制特种转账传票，代替记账凭证进行记账。

(二)特定凭证

特定凭证是根据储蓄业务的特殊需要而制定的专用凭证，用以代替记账凭证，银行储蓄业务中涉及的特定凭证主要有：

(1)存折(图 1-11)。

(2)存单(图 1-12)。

(3)利息清单。

(4)储蓄存款异地委托书。

(5)挂失申请书。

(6)储蓄旅行支票。

(7)各种存取款凭条(图 1-13)。

活期储蓄存折

账号______________ 户名______________
办卡标志______________ 币种______________
开户网点名称__________ 钞汇标志__________
凭证号______________

银行签章

签发日期________ 属性________ 通存通兑________ 印密________

日 期	注 释	支出(一)或存入(十)	结 余	网点号	操作
1					
2					
3					
4					
5					
6					
7					
8					

图 1-11 活期储蓄存折示意图

整存整取定期储蓄存单(普通)

科目:(借) 凭证号 存单号

存入日	起息日	属性	印密	通兑	存期	约转存期	年利率%	到期日	到期利息	操作

账号______________ 户名______________ 原账号______________

存入金额:人民币______________ RMB¥____________

银行签章

客户印鉴 事后监督 支取时:复核(授权) 柜员 存入时:复核(授权) 柜员

图 1-12 整存整取定取储蓄存单示意图

储蓄存款凭条

科目:(贷)　　　　年　　月　　日　　　　交易代码:

<table>
<tr><td>银行填写</td><td></td></tr>
<tr><td>客户填写</td><td>储种:活期　活一本通　整整　定一本通　零整　教育　定活　通知　存本　整零　国债　其他
户名________　账号____________　密码　印鉴　通兑　其他
存期______　转存期_____　币种_____　钞　汇　假汇　金额________
新开户填写:地址____________　电话______　备注______</td></tr>
</table>

存款人对上述银行记录确认无误后签名_____事后监督　　复核(授权)　　柜员

图 1-13　储蓄存款凭条示意图

知识链接

1. 储蓄会计凭证的审查

对凭证的真实性、完整性、正确性、合法性进行审查。

2. 储蓄会计凭证的整理、装订和保管

首先,将凭证按会计科目代号顺序,先表内科目后表外科目,先现金后转账,先借方后贷方进行整理;然后加封面和封底进行装订,装订后由装订人在装订线封签处签章;最后及时入库妥善保管,并登记有关登记簿。

四、储蓄业务的账务组织

账务组织是指各种账簿设置、核算程序和核对方法有机结合所形成的组织体系。储蓄业务的账务组织包括明细核算和综合核算两个系统。

(一)明细核算

明细核算是按各科目所属账户进行核算,由各种分户账(卡)及登记簿组成。

1. 分户账

分户账是明细核算的基本形式,是储户存入、支取存款状况的明细记录,也是计算利息的基础。各储蓄存款的分户账按储户立户,其格式按不同储蓄种类的特殊需要进行设计,按其记载方法大致可以分为两种:一是卡片账,如定期整存整取,存本取息等储蓄;二是多次使用的账页式,如活期储蓄、零存整取定期储蓄等。

其他科目分户账按业务需要立户,如应解汇款登记账、外汇买卖分户账等。也可以按资金性质立户,如甲种账,设有借方、贷方发生额和余额三栏,适用于不计息科目的账户;乙种账,设有借方、贷方发生额及余额和积数四栏,适用于在账页上计息的账户。

2. 登记簿

登记簿是明细核算系统中的一种辅助性账簿,用以记录分户账上未能记载或不必记载,但又需要查考的特定业务事项,也可用来控制单证和实物。储蓄业务常用的登记簿主要有以下几种：

(1)开销户登记簿：用以记载储户存款的开户、销户情况，按储蓄种类分别设置。开户时按开户日期及账号排列顺序登记，销户时应随时根据凭证销记。开销户登记簿属于永久性保管的会计档案。

(2)挂失登记簿：用以记载存单、存折和印鉴挂失的处理情况。它和挂失申请书均属永久性保管的会计档案。

(3)库存现金登记簿：用以登记每日现金收付总数并控制储蓄所现金余额。库存现金登记簿的余额应与实际库存现金相符。

(4)储蓄存款异地托收登记簿：是控制储蓄存款异地托收的辅助性账簿，用以记载储蓄异地托收凭证的发出、划回及处理情况。

(5)空白重要凭证登记簿：用来记载各种存单、存折等凭证的领入、使用和结存情况。按凭证的种类分别立户登记。

(6)有价单证登记簿：用来记载尚未发行的各种定额存单、债券等有价单证的领入、发出、使用、注销、兑付、上缴和代保管情况。

(7)款项交接登记簿：用以记载储蓄所出纳人员之间款项调拨交接或储蓄工作人员调换岗位交接的有关情况。交接完毕后，交接双方需在交接登记簿上签字。

(8)差错登记簿：用以处理记载账务处理、现金收付、计算利息的事故性差错及处理情况。

(二)综合核算

综合核算是按会计科目进行核算，是各科目的总括记录。由科目日结单、营业日报表组成。

1. 科目日结单

科目日结单是储蓄各科目每日借贷发生额和凭证张数的汇总记录，是登记总账的依据。每日营业终了，各类储蓄凭证应按科目或种类分别现金、转账加记借贷方金额及张数，填入科目日结单有关栏内。现金科目日结单应根据其他各科目日结单的现金借方、贷方汇总数反向填列。全部科目日结单的借方和贷方合计数必须相等。

2. 营业日报表

营业日报表用以反映当日储蓄业务活动情况的报表。每日营业终了，根据科目日结单编制，并将各科目的借、贷发生额和余额加计总数，试算平衡，以轧平当天财务。由于储蓄一般不设总账，因此营业日报表起着代替总账的作用，应与其分户账余额核对相符(图1-14)。

归纳总结

- 储蓄业务的账务组织
  - 明细核算
    - 分户账
      - 卡片账
      - 账页式
    - 登记簿
      - 开销户登记簿
      - 挂失登记簿
      - 库存现金登记簿
      - 异地托收登记簿
      - 空白重要凭证登记簿
      - 有价单证登记簿
      - 款项交接登记簿
      - 差错登记簿
  - 综合核算
    - 科目日结单
    - 营业日报表

图1-14 储蓄业务掌账务组织示意图

五、错账冲正

办理储蓄业务时，工作人员应严格按照有关手续和规定进行，如遇差错，应根据不同情况和性质，按下列规定的方法予以更正。

（一）当日差错，当日更正——划线更正法

（1）用一道红线把全行数字划销，将正确的数字写在划销数字的上面，并由记账员在红线左端盖章证明。如果红线划错，可在红线两端划红色“×”销去，并由记账员在右端盖章证明。

例：将活期储蓄金额 9 800 误记为 8 900。

错误的更正法：	正确的更正法：
98	9 800
~~8 900~~	~~8 900~~

（2）以一道红线划销错字将正确的文字写在划销文字的上面，先改正传票，再更正账簿。

例：将活期储蓄存款误记为定期储蓄存款。

更正：　活

~~定期储蓄~~

（二）次日或以后发现的本年度内错账——红蓝字同方向冲正法

1. 记账串户

发现记账串户时，应先填制同方向红字传票记入原错误账户，并在摘要栏注明“冲销×年×月×日错账”字样，然后填制同方向蓝字传票记入正确的账户，并在摘要栏中注明“补记×年×月×日记账”字样。

例：8 月 18 日，储户阎玉梅存入活期存款 1 000 元，误记入闫玉梅账户，9 月 16 日发现。

红字冲销：　借：现金　1 000

　　贷：活期储蓄存款——闫玉梅　1 000

蓝字补记：　借：现金　1 000

　　贷：活期储蓄存款——阎玉梅　1 000

2. 传票金额、科目或账户填错，账簿也随之记错

应先用红字编写与原错误凭证内容完全相同的传票，并据以登记账簿，冲销原错误记录，同时分别在错误传票和原记账页的摘要栏注明“已于×年×月×日冲正”字样。然后用蓝字编写正确的传票登记入账，并在摘要栏注明“补记冲正×年×月×日账”字样。

由于传票有误而使账簿记错时，应先更正传票，再更正账簿。

（三）跨年度发现错账——蓝字反方向冲正法

对于本年度发现以前年度的错账，由于以前年度已进行了年度决算，且决算报表是不能更改的，因此，更正时先填制一张与错账方向相反的蓝字传票，凭以冲销错账，并在摘要栏注明“冲正×年×月×日错账”字样，然后再填制一张正确的蓝字传票，补记正确的账簿。

例：2013 年 12 月 12 日，储户王立持现金 2 000 元存活期，误记为 200 元。于 2014 年 1 月 7 日发现。

蓝字反方冲销： 借：活期储蓄存款——王立 200
贷：现金 200
正确蓝字补记： 借：现金 2 000
贷：活期储蓄存款——王立 2 000

知识链接：无论是用哪种方法更正错账，均应注意的问题

（1）冲正错账时影响利息计算的，必须计算应加（减）利息或积数，并予以调整。

（2）冲正错账的传票必须由会计主管人员审查盖章后，才能办理冲账，并将错账的日期、金额及冲正情况登记，以便日后查考。

（3）账页记载错误无法更改时，不得撕毁，须经会计主管人员同意，可另行更换新账页记载，但必须经过复核，并在原账页上划四角交叉红线注销，由记账员和主管人员盖章证明。注销的账页另行保管，待装订账页时，附在后面备查。

归纳总结：错账冲正的三种情况

（1）划线更正法：适用于当日发现的错账，当日更正。

（2）红蓝字同方向冲正法：适用于次日或以后但在本年度内发现的差错。

（3）蓝字反方向冲正法：适用于跨年度发现错账。

六、银行利息的计算

（一）银行储蓄利息和利息税计算的一般规定

（1）储蓄存款的计息起点为"元"位，元以下角、分不计息。利息金额算至厘位，实际支付或入账时四舍五入。

（2）存期天数的计算用"算头不算尾"的方法。即存入日开始计息，支取日不计息。

（3）储蓄存款的存期，采用对年、对月、对日的办法。每年按360天计算，每月不论大小月均按30天计算，然后加减大小月中多余和缺少的天数计算存期。

（4）存款到期日为节假日的，可在节假日的前一天办理支取手续，利息计算视同到期日。

（5）根据国务院及国家税务总局的规定，1999年11月1日前滋生的利息所得，不征收个人所得税；1999年11月1日至2007年8月14日滋生的利息所得，按照20%的比例税率征收个人所得税；储蓄存款在2007年8月15日至2008年10月8日滋生的利息所得，按照5%的比例税率征收个人所得税。储蓄存款在2008年10月9日（含）后滋生的利息所得，暂停征收个人所得税。

计算公式：应纳税额＝应纳税利息额×所得税税率

归纳总结:活期储蓄存款利息计算有关规定

(1)计息起点:“元”位,角、分不计息。利息金额:算至厘位,四舍五入至小数后两位。

(2)存期天数:“算头不算尾”,“倒减法”计算。

(3)存期:采用对年、对月、对日办法。年均按360天计算,月均按30天计算。

(4)自1999年11月1日起,由银行代扣代缴利息税,税率为20%,2007年8月税率由20%降至5%,2008年10月9日起暂免征收利息税。

(5)计算公式:代扣利息所得税=应付利息×所得税税率。

(二)银行储蓄利息计算的基本公式

利息是指债务人支付给债权人超出本金的那部分金额。银行储蓄利息是银行按约定利率和存期支付给储户的、超过本金部分的货币报酬。例如,张明存入10 000元,到期取得10 200元,多出的200元即为利息(图1-15)。

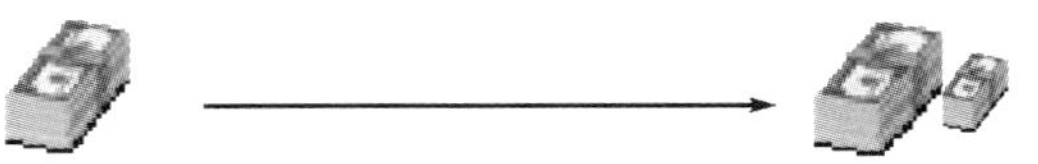

图1-15 利息含义示意图

利息计算的基本公式:利息=本金×存期×利率。

本金、存期和利率构成计算利息的三要素,本金越大,存期越长,利率越高,则利息额就越大。

1. 本金

本金是指储户存入银行的款项数额,它是凭以计算储蓄利息的基础。

2. 存期

存期是指储户的存款在银行存储的时间。存期的计算通常用“倒减法”,即存期=支取年月日-存入年月日+大月中的1天-贰月中的2天。

例:2011年7月2日存入,2012年9月17日支取。则计算为

2012年 9月 17日
-2011年 7月 2日
——————————
1年 2月 15日

存期=1×360+2×30+15+9-2=442(天)

例:2011年9月17日存入,2013年7月2日支取。则计算为

2013年 7月 2日
-2011年 9月 17日
——————————
2年-2月-15日

存期=2×360-2×30-15+12-4=653(天)

3. 利率

利率是一定时期内利息与本金的比率。利率由中国人民银行统一规定,储蓄机构必须挂牌公告储蓄存款利率,不得擅自变动。

(1)利率的种类。利率分年利率、月利率、日利率三种。

年利率指每百元存款每年应得利息数,用百分数表示(%),如:“年息 5.1%”。月利率指每千元存款每月应得利息数,用千分数表示(‰),如:“月息 4.2‰”。日利率指每万元存款每日应得利息数,用万分数表示(‱),如:“日息 5‱”。

(2)利率换算。

年利率=月利率×12=日利率×360

月利率=日利率×30=年利率÷12

日利率=年利率÷360=月利率÷30

知识链接:利率换算的规律

——由小化大用“×”,由大化小用“÷”

大和小是指年、月、日相比较而言,年比月大,日比月小,所以,由月利率转化为年利率要乘以 360,由月利率转化为日利率要除以 30。其实,乘数和除数无非有三个,即 360、30 和 12,年利率和月利率之间换算用 12,月利率和日利率之间换算用 30,年利率和日利率之间换算用 360。国际上最常用的表示法就是以年利率表示(我国有时也用月利率表示),所以,在实际工作中,我们经常需要将年利率转化为月利率和日利率去应用。

例:将年利率 2.25%换算为月利率和日利率。

月利率=年利率÷12

=2.25%÷12

=1.875‰

日利率=年利率÷360

=2.25%÷360

=0.625‱

算一算

假设某银行的储蓄年利率为 4.35%,将其换算为月利率和日利率分别为多少?

(三)利息计算

利息计算仍然遵循其基本公式:利息=本金×存期×利率。在利息计算过程中应注意利率与存期的统一,若存期为年,利率应使用年利率,如存期为月,应使用月利率,存期为天,应使用日利率。如某储户存款 20 000 元,已知该存款月利率为 0.25‰,若储户恰好存满两年,其应付利息=20 000×2×0.25‰×12=120(元)。(只有将月利率乘以 12 换算为年利率才可使用)

例 1:储户王明于 2012 年 6 月 23 日存入 10 000 元开活期账户,于 2013 年 5 月 19 日销户,销户日的活期利率为 0.35%,假如按 5%征收利息税,计算实付利息,并作开户与销户的会计分录。

存期＝330(天)

应付利息＝10 000×330×0.35％/360＝32.08(元)

开户时的会计分录：

借：现金　　10 000

　贷：活期储蓄存款——王明　　10 000

销户时的会计分录：

借：活期储蓄存款——王明　　10 000

　利息支出　　32.08

　贷：现金　　10032.08

例 2：储户张民于 2013 年 7 月 1 日存入 10 万元开活期户，于 2013 年 8 月 5 日续存 5 000元，于 2013 年 9 月 7 日支取 3 000 元，于 2013 年 9 月 19 日销户，销户日的活期利率为 0.35％，计算销户时的应付利息，并作销户时的会计分录。

存期 1＝35 天，存期 2＝33 天，存期 3＝12 天

应付利息＝(100 000×35＋105 000×33＋102 000×12)×0.35％/360＝79.62(元)

销户时的会计分录：

借：活期储蓄存款——张民　　102 000

　利息支出　　79.62

　贷：现金　　102079.62

归纳总结

(1)利息计算公式：利息＝本金×存期×利率。

(2)利率换算规律：由小化大用“×”，由大化小用“÷”。

(3)存期计算：对年、对月、对日。运用“倒减法”。

(4)计算利息时，存期和利率必须统一。

模块小结

银行储蓄是指城乡居民将手中待用或结余的货币有条件地存入银行机构的一种信用活动。储蓄在历史上经历了实物储蓄、货币储蓄、银行储蓄等发展阶段。实物储蓄是一种较为原始的储蓄形式，它具有可靠的保值性，但也存在局限性，实物存放时间长了会变质、过时而失去其使用价值。银行储蓄是储蓄发展的高级形式，它是建立在银行信用基础上的储蓄。银行储蓄通过货币使用权的让渡，产生了巨大的社会效益，使储户受益、银行收益、社会受益。

储蓄主要有积累职能、投资职能、分配职能和延期消费职能。储蓄对社会经济的发展

起着重要的作用:积聚社会闲散资金,壮大银行信贷实力;蕴蓄社会购买力,调节货币流通;引导消费,改善人民生活。

为促进储蓄事业的稳定健康发展,我国制定了保护和鼓励储蓄的政策,并制定了若干规定。储蓄机构必须严格遵循"存款自愿、取款自由、存款有息、为储户保密"的工作原则。

银行出纳业务指对现金、贵金属、有价证券的收付、兑换、整点、保管和调运的总称。

银行出纳业务现金收付与整点是银行出纳的基础工作,现金整点必须做到:点准、墩齐、挑净、捆紧、盖章清楚。

识别人民币纸币真伪,通常采用"一看、二摸、三听、四测"的方法。假人民币分为伪造币和变造币两种类型。

储蓄会计科目按照与资产负债表的关系,分为表内科目和表外科目两类。表内科目主要反映资产负债增减变化和财务收支情况,包括资产类科目、负债类科目损益类科目和资产负债共同类科目四种形式。

储蓄会计采用借贷记账法,使用单式凭证。凭证按其适用范围不同,可分为基本凭证和特定凭证。特定凭证是根据储蓄业务的特殊需要而制定的专用凭证,特定凭证主要有:存折、存单、利息清单、储蓄存款异地委托书、挂失申请书、储蓄旅行支票、各种存取款凭条等。

储蓄业务的账务组织包括明细核算和综合核算两个系统,明细核算是按各科目所属账户进行核算,由各种分户账(卡)及登记簿组成;综合核算是按会计科目进行核算,是各科目的总括记录,由科目日结单、营业日报表组成。

在办理储蓄业务过程中,若记账发生错误,应根据不同情况按规定分别采用划线更正法、红蓝字同方向冲正法、蓝字反方向冲正法进行更正。

利息计算的基本公式为:利息=本金×存期×利率。本金、存期和利率构成计算利息的三要素。本金是指储户存入银行的款项数额,它是凭以计算储蓄利息的基础。存期是指储户的存款在银行存储的时间,存期的计算通常用"倒减法"。利率是一定时期内利息与本金的比率。自 1999 年 11 月 1 日起,利息要按规定代扣个人利息所得税。

模块习题

一、填空

1. 储蓄的发展经历了漫长的历史过程,其中经历了________、________、________几个发展阶段。

2. 实物储蓄能使财富的积累与________________的保存自然地统一起来。

3. 银行储蓄是指城乡居民将手中待用或结余的________有条件地存入银行机构的一种信用活动。银行储蓄是建立在________基础上的储蓄,储户把货币使用权暂时让渡给银行,从而形成了________与________相分离的信用关系。

4. 银行储蓄作为一种金融投资方式,具有________较低,但____________的特点。

5. 通过储蓄将社会闲散资金积聚起来，壮大了银行的资金实力，进而变________资金为________资金，投入于社会经济活动中，促进社会经济的发展。

6. 银行储蓄的基本职能包括________、________、________和________职能。

7. 国家对储蓄实行________________的政策。

8. 为了具体贯彻保护和鼓励人民储蓄的政策，储蓄工作必须坚持遵循“________、________、________和________”的原则。

9. 银行出纳业务指对现金、贵金属、有价证券的________、________、________及保管和调运的总称。

10. 银行出纳现金整点中的“五好”钱捆是指________________________的钱捆。

11. 银行出纳业务中的“四双原则”是指

____。

12. 银行出纳在收入现金时应先________后________，付出现金时应先________后________。

13. 尾箱是便于现金收付而设置的存放本外币________、________、________及有关业务公章、个人名章的专用箱。

14. 假人民的类型主要有________和________。

15. 识别人民币纸币真伪，通常采用“________、________、________、________”的方法。

16. 变造币是指在真币基础上或以真币为基本材料，通过________、________、________、________等办法加工处理，使原币改变数量、形态，以此实现升值的假货币。

17. 储蓄会计科目按资产与负债表的关系，分为________和________两类。

18. 表内科目主要反映____________和____________情况，包括____________、____________和资产负债共同类科目三种形式。

19. 表外科目是反映未涉及________________而又必须记载的重要会计事项。

20. 各储蓄存款的分户账按其记载方法大致可以分为两种：一是________，如________；二是多次使用的________，如________等。

21. 挂失登记簿是用以记载________、________和________挂失的处理情况。它和挂失申请书均属________的会计档案。

22. 开销户登记簿开户时按________及________登记，销户时应随时根据销记。开销户登记簿属于________的会计档案。

23. 科目日结单是储蓄各科目每日________和________的汇总记录，是登记总账的依据。

24. 银行储蓄利息计算的基本公式为________________________。

二、简答

1. 什么是银行储蓄？银行储蓄的效益主要体现在哪几个方面？

2. 储蓄工作的原则是什么？如何执行储蓄工作原则？

3. 查阅资料，分析改革开放以来，我国居民储蓄余额有何变化？

4. 银行出纳业务的基本原则有哪些?
5. 现金收付的基本要领有哪些?
6. 现金整点的基本要求有哪些?
7. 储蓄会计基本凭证和特定凭证主要有哪些?
8. 简述储蓄业务账务组织。
9. 储蓄业务明细核算常用的登记簿有哪些?
10. 简述错账冲正的方法及其应用。

三、写出下列业务的会计分录

1. 吴冬 2014 年 9 月 12 日存活期存款现金 3 000 元,2015 年 5 月 15 日支取活期储蓄存款 1 200 元。

2. 营业终了,发现储蓄出纳长款 120 元。

3. 储户赵一于 2017 年 11 月 10 日去银行销户,其利息清单如下:

户名	账号	本金	应付利息	实付利息	代扣所得税	实付本息
赵一	2 553 127	1 202.28	4.26	3.41	0.85	1 205.69

四、计算利息

1. 储户王彦 2014 年 8 月 15 日存入活期储蓄存款 50 000 元,2015 年 3 月 6 日支取,计算实付利息并作支取时的会计分录?(已知活期储蓄年利率为 0.72%)

2. 储户张力 2016 年 5 月 8 日存入活期储蓄存款 25 000 元,2016 年 10 月 20 日支取 5 000元,2017 年 5 月 19 日销户,销户日的活期存款利率为 0.72%。计算销户日的实付利息并作各业务的会计分录。

模块 2　银行理财与金融营销基础知识

学习提示

个人理财基础知识
- [了解]理财业务发展状况,理财产品构成要素、分类
- [理解]理财产品市场趋势、特点,购买理财产品注意事项,银行卡理财
- [掌握]理财产品销售基本原则,个人理财规划,生命周期理论与个人财富规划

金融营销基础知识
- [了解]金融营销的特点、发展现状、发展趋势
- [理解]金融营销的含义,银行客户开发原则
- [掌握]银行营销客户分析,银行客户开发策略,银行客户的维护

案例:据报道,浦发银行在 9 月 10 日教师节前后,针对教师群体发售了一款理财产品。这款产品期限 91 天,预期年化收益率 4.75%;光大银行的教师节专属理财产品则是从 9 月 6 日开始起售,至 9 月 11 日为止,108 天的投资期限,收益情况根据起点金额不同而不同,资金在 5 万至 20 万元,预期年化收益率为 4.6%和 4.7%;另有其他银行预期年化收益率为 4.2%～4.3%的理财产品。同学们,看了这则案例你有什么感触?

2.1　银行理财基础知识

一、个人理财业务概述

(一)个人理财业务的概念

个人理财业务,又称财富管理业务,是指商业银行为个人客户提供的财务分析、财务规划、投资顾问、资产管理等专业化服务活动。

按照管理运作方式不同,商业银行个人理财业务可以分为理财顾问服务和综合理财服务。理财顾问服务是指银行向客户提供的财务分析与规划、投资建议、个人投资产品推介等专业化服务。客户接受理财人员提供的理财顾问服务后,自行管理和运用资金,并获取和承担由此产生的收益和风险。在综合理财服务活动中,客户授权银行代表客户按照合同约定的投资方向和方式进行投资和资产管理,投资收益与风险由客户或客户与银行

按照约定方式承担。

（二）我国个人理财业务的发展状况

个人理财规划业务首先出现在美国，而我国银行个人理财服务始于代理收付型的“中间业务”。2004 年 9 月，银监会正式批准商业银行开展人民币理财业务。2005 年初，四大国有商业银行相继获得银监会批准，经营人民币理财产品。我国的香港特别行政区，贴身的个人理财服务也成为近年来银行业竞争的主要焦点，花旗、汇丰、渣打、恒生、东亚等主要银行纷纷推出了自己的理财套餐，针对不同收入的客户提供不同的服务，推动了香港整体个人理财服务水平的不断提升。

2013 年我国银行理财产品发展迅猛，截至 11 月底，银行业金融机构理财产品余额达 7.61 万亿元人民币，相比 2011 年底余额 4.59 万亿元增近 66%。据调查，我国近八成银行家对理财产品业务发展持支持态度，同时，理财产品市场高速发展背后的风险也要引起关注。

（三）银行理财产品的构成要素

1. 发行者

发行者也就是理财产品的卖家，一般指开发理财产品的金融机构。投资人一般应该注意发行者的研发、管理的实力，实力雄厚的金融机构发行的理财产品更加可靠一些。另外，一些投资渠道是有资格限制的，小的金融机构可能没有资格参与这些投资，这样就对发行者造成了投资方向的限制，最终会影响理财产品的收益，因此，实力雄厚的机构，其信用更加可靠。

2. 认购者

认购者也就是银行理财产品的投资人。有些理财产品并不是面向所有公众的，而是为有针对性的认购群体推出的。例如，信托理财计划限定的最低认购额是 100 万，还有一些理财产品可能有居民身份或地域的限制。

3. 期限

任何理财产品发行之时都会规定一个期限。目前银行发行的理财产品大部分期限都比较短，但是也有外资银行推出了期限为 5～6 年的理财产品，所以投资人应该明确自己资金的充裕程度以及投资期内可能的流动性需求，以避免由此引起的不便。当投资长期理财产品时，投资人还需要关注经济趋势，对利率等指标有一个大体的判断，避免利率等波动造成损失或者资金流动性困难。

4. 价格和收益

价格是金融产品的核心要素。筹资者出售金融产品的目的是为了得到相当于产品价格的收入，即投资人的投资额正好等于其购入的金融产品的价格。对理财产品而言，其价格就是相关的认购、管理等费用以及该笔投资的机会成本（可能是利息收益或其他投资收益）。投资人投资于该产品的目的就是获得等于或高于该价格的收益。收益率表示的是该产品给投资人带来的收入占投资额的百分比，它是在投资管理期结束之后，按照该产品的原定条款计算所得的收益率。

5. 风险

在有效的金融市场上，风险和收益永远是对等的，只有承担了相应的风险才有可能获得相应的收益。在实际运行中,市场并不是总有效或时刻有效,由于有信息不对称等因素的存在,市场上就可能存在低风险高收益、高风险低收益的可能。所以投资人应该详细了解理财产品的风险状况,从而对其做出判断和评估,看其是否与所得的收益相匹配。

6. 流动性

流动性指的是资产的变现力,它与收益率是一对矛盾体,在同等条件下,流动性越好,收益率越低,所以投资人需在二者之间作出权衡。

二、银行理财产品

(一)银行理财产品分类

银行理财产品近些年来在我国发展势头迅猛,在类型上也可以说是丰富多彩,具体说来,我国的银行理财产品有两种分类方式。

1. 按标价货币分类,银行理财产品分为外币理财、人民币理财和双币种理财三类

(1)外币理财,是指只能用除人民币以外的外国货币来购买的理财产品。外资银行在外币理财的发行上表现十分活跃,这主要是由于外资银行拥有得天独厚的优势,对外国市场比较了解,且产品创新能力较强。外币理财按币种的不同,又可分为美元理财产品、欧元理财产品、澳元理财产品等。

案例分析:中国银行2009年发行"汇聚宝"0902期外币理财产品,该产品系列分为美元、欧元、澳元、英镑、加元。美元产品投资期为3个月,预期年收益率为0.70%。欧元、澳元、英镑、加元投资期为6个月,预期年收益率分别为1.40%、2.00%、1.50%、1.00%。该产品系列到期时可保证投资本金安全,安全性较高。此外中行也有权在投资期内提前终止理财计划,因此投资者面临一定的再投资风险。在流动性方面,该系列产品不提供到期日之前的每日赎回机制,投资者在理财期限内没有提前终止权。

(2)人民币理财,是指只能用人民币购买的理财产品。人民币理财产品虽然起步晚于外币理财,但近年来发展势头迅猛,目前,我国的人民币理财根据投资方向的不同,可分为债券型、信托型、新股申购型和QDII型。如债券型人民币理财产品是指主要投资于国债、央行票据、政策性金融债等产品。由于其投资标的主要为信用等级较高债券、短期货币工具等,因此是风险最低的银行理财产品之一(表2-1)。

例如,招商银行2009年推出一款结构性产品——"金葵花"精选银行股票表现联动理财计划,理财期限为18个月,客户持有该产品到期可100%保本,到期理财收益取决于所挂钩股票的价格变化。该理财产品由招商银行负责将理财资金投资于债券市场、货币市场以及挂钩股票(中国工商银行、建设银行、中国银行、交通银行四款H股)价格表现的衍生产品。债券部分的投资满足客户到期本金支付的需求,衍生产品部分的投资是产品收益的来源。客户持有到期提供本金100%保障。

表 2-1 人民币理财产品种类

产品类型	产品介绍	产品特点	适合投资人群
债券类产品	主要投资于国债、央行票据、政策性金融债等非信用类工具，也投资企业债、企业短期融资券、资产支持证券等信用类工具	投资标的风险较低，收益比较固定	一种是投资风格较保守的投资者，可以低风险获得较定期储蓄高的收益，另一种是做了投资组合的投资者，可用此类产品降低组合风险
信托类产品	投资于商业银行或其他信用等级较高的金融机构担保、回购的信托产品或商业银行优良信贷资产收益权信托产品	虽然产品不保本，但产品收益较为稳定	适合追求高收益，有较强风险承受能力的投资者
结构性产品	以拆解或组合衍生性金融商品如股票、利率、指数等，或搭配零息债券的方式组合而成的各种不同回报形态的金融商品	一般不以理财本金作投资，仅用利息部分，大多为100%保本，产品收益与挂钩标的有某种关系，通过公式等反映在合同上	适合追求高收益，有较强风险承受能力的投资者
新股申购类产品	集合投资者资金，通过机构投资者参与网下申购提高中签率	产品不保本，直接和新股申购获利有关，风险中等	适合想参与股票市场但是又不具备投资资本市场知识或时间或是厌恶炒股风险的投资者
QDII 产品	取得代客户境外理财业务资格的商业银行接受投资者的委托，将人民币兑成外币，投资于海外资本市场，到期后将本金及收益结汇后返还给投资者	产品一般不保本，多为投资港股、欧美股票、商品基金，资金全额投资该类标的，风险相对较大	对直接参与海外市场有信心，能够承受本金损失风险的投资者

（3）双币种理财，是指以人民币和外币共同作为购买货币，并分别按照人民币理财产品和外币理财产品的方式运作，到期分别以人民币和外币支付收益的理财产品。或者，以人民币作为投资本金，将此本金产生的利息兑成外币并以外币理财模式运作，以外币返还本外币理财的整体收益的方式，也被称为双币种理财产品。

知识链接：双币种理财产品案例

2012 年 5 月 30 日，浦东发展银行“汇理财”短期高收益美元和人民币双币理财产品上市，预期综合年收益最高可达 7%以上，产品收益特点呈“金字塔”形，而且比目前国内银行推出的双币理财产品期限更短。

产品基本信息：

产品名称：外汇理财—双币理财计划。

理财货币：人民币＋美元。

理财金额：投资起点为1万元人民币＋1 000美元；以1 000元人民币＋100美元为单位递增。

理财期限：6个月。

起息日：2012年6月22日。

到期日：2012年12月22日。

认购期：2012年5月30日～2012年6月20日。

认购期利息计算：起息日前按照活期计算利息。理财收益的应纳税款由投资者自行缴纳。该理财产品双币理财产品预期收益结构。

人民币收益部分：

投资于国债和金融债。

保证最低收益。

预期固定收益：1.9%(大额客户1.95%)。

半年定存收益：2.07＊0.8＝1.656%。

高于定期存款。

美元收益部分：

收益与美元和加元的汇率区间挂钩。

争取创造最大收益。

预期变动收益：1%，2.3%，4.6%，9.4%，14%。

半年定存收益：1＊0.8＝0.8%。

高于定期存款。

综合收益：

起点10 000元人民币＋1 000美元。

综合收益率最低1.49%。

10 000元人民币＋1 000美元。

半年定期存款综合利率1.27%。

收益高于定期存款。

半年定期存款综合利率1.27%。

收益高于定期存款。

2. 按收益类型分类，理财产品又分为保证收益类和非保证收益类两种类型

(1)保证收益类理财产品，是指商业银行按照约定条件向客户承诺支付固定收益，由银行承担全部风险，或银行按照约定条件向客户承诺支付最低收益并承担相关风险，其他投资收益由银行和客户按照合同约定分配，并共同承担相关投资风险的理财产品。

(2)非保证收益类理财产品，按照是否保证本金又分为保本浮动收益和非保本浮动收

益两种类型，其中保本浮动收益理财产品是指商业银行按照约定条件向客户保证支付本金，本金以外的风险由客户承担，并依据实际投资收益情况确定客户实际收益的理财产品；非保本浮动收益理财产品是指商业银行按照约定条件和实际收益情况向客户支付理财收益的理财产品，该理财产品商业银行不保证客户本金安全。

知识链接：各大银行的理财产品品牌

现在各大银行都推出了自己的理财产品品牌，主要面向高端客户群体，向他们提供更细心周到的理财服务。这些理财产品品牌有中国银行的"中银理财"、中国农业银行的"金博士理财"、中国建设银行的"乐当家理财"、招商银行的"金葵花理财"、中国光大银行的"阳光理财"、中国民生银行的"非凡财富"、中信银行的"贵宾理财"、兴业银行的"自然人生理财"、广东发展银行的"真情理财"、上海浦东发展银行的"诚信理财"、深圳发展银行的"天玑财富"等。

三、银行理财产品与市场分析

（一）商业银行理财产品市场的主要趋势

(1)同业理财产品的逐步拓展，将原有外资机构和中资商业银行之间的"银银"合作模式映射到国内大型银行和中小银行之间的同业理财模式。

(2)投资组合保险策略的逐步尝试，产品的稳健与否并不在于是否参与了高风险资产的投资，而是在于投资组合的合理配置。

(3)动态管理类产品的逐步增多，投资方向和投资组合灵活多变和高流动性是该类产品的主要优势。然而，该类产品的信息透明度问题值得关注。

(4)POP(Product of Product)的逐步繁荣，通过不同类型银行理财产品之间的投资组合构建来满足不同风险承受能力投资者的投资需求。

(5)另类投资的逐步兴起，艺术品和饮品(酒与茶)已逐步进入银行理财产品市场的投资视野，未来的低碳概念、不动产和自然资源的投资将会成为下一个热点。

（二）商业银行理财产品市场的特点

1. 信托贷款类产品成为理财市场的主导

2008年各商业银行理财产品发行数量保持快速增长，银监会加大商业银行理财业务规范整改力度，理财产品的品种结构普遍发生显著变化。自2008年二季度开始，风险相对降低、收益相对稳定的信托贷款类产品大幅增加，并保持迅猛增长的态势，在各类银行理财产品中已占据主导地位。如招商银行全年累计发行"金葵花招银进宝之信贷资产理财计划"和"金葵花招银进宝之票据盈利理财计划"两种信托贷款类产品共674只，在其各类理财产品中的占比达到73.8%。从根本上讲，信托贷款类产品的内在特性符合当前阶段投资者、商业银行、借款人和信托公司等各方主体的利益。

2. 公益性、专属性创新产品彰显理财业务价值

针对"5·12"汶川特大地震灾害，部分银行迅速反应，推出了具有公益性质的创新理

财产品，例如，建设银行在震后第五天就发行了“财富”爱心公益类理财产品，是2008年第一期理财产品，将募集资金的8%通过中国红十字基金会定向捐赠于四川灾区，并且该产品不向客户收取认购费、管理费等任何费用。此类以慈善、关爱为主题的理财产品，在很大程度上拓宽了银行理财业务的发展思路，打破了以往理财业务同质化的常规，深化了理财品牌的内涵与价值，增强了客户的认同和忠诚度，并有效地提升了银行的品牌价值和社会形象，对于理财业务的长远发展大有裨益。

3. 产品预期年化收益率更趋规范合理

各银行理财产品的预期年化收益率普遍趋向于规范合理，与以往部分银行对新股申购类、结构挂钩类产品动辄给出40%或50%的预期收益率，甚至“上不封顶”的情况形成鲜明反差。究其原因：一方面，受资本市场低迷以及“零收益”实践等因素影响，各个银行给出的预期收益水平更加实际与客观；另一方面，按照银监会要求，对于无法提供科学、准确的测算依据和测算方式的理财产品，各个银行在宣传和介绍材料中不得给出“预期收益率”或“最高收益率”。尽管有所回落的预期收益水平在一定程度上会影响客户吸引力，但从根本上讲，科学的、与实际收益情况吻合的预期收益率将对商业银行及其理财产品的美誉度和客户信任度产生积极影响。

4. 产品短期化趋势更为显著，期限结构日臻完善

与以往同类型产品相比，各银行理财产品的短期化趋势更为显著。以招商银行为例，其2008年所发行的全部理财产品中，期限在三个月（含）以内的产品数量占比达36.8%，期限在三个月至一年的产品占比达59.7%，而一年期以上的产品仅占全部产品的3.5%。

5. 理财业务分层服务体系逐步构建，财富管理职能日益凸显

针对中高端客户的专属产品不断增加，银行理财业务更加注重客户细分，财富管理职能日益凸显。例如，交通银行“得利宝新蓝58号产品”和“得利宝海蓝31号产品”对普通客户和交通银行客户进行了分层定价，使产品预期收益与客户层次成正比。在交通银行的财富管理服务体系中，“交银理财”定位于季日均金融资产5万元以上的客户；“沃德财富”定位于季日均金融资产50万元以上的目标客户，并提供专属客户经理、专属理财网点、专享增值服务等。

（三）购买银行理财产品的注意事项

（1）看清收益率：应正确区分年化收益率和累积收益率，税前收益率和税后收益率。不同的收益率可能对应不同的最终收益。

（2）看清投资方向：不同的投资方向、投资标的，风险程度会相差很大。投向股票、基金等领域的理财产品一般属于风险较高类理财产品；如果理财产品说明书中没有股票、基金的字眼，只有债券等固定收益类品种的字眼，那么此类产品就属于低风险理财产品。募集资金投放于哪个市场，投资什么金融产品，将决定产品风险的大小以及收益能否顺利实现。

（3）看清产品期限：看理财产品期限不仅要看产品的收益期，还要重点关注以下几点。首先，看客户认购日到产品成立日之间资金有无计息。如果认购日到产品成立日之间资金没有计息的产品，投资者应该尽量等到募集期的最后一天再认购。其次，看资金到账日。资金到账日是指产品到期日或提前终止后到资金到达投资者个人账户之间的时间，这段时间内资金是不计息的。此外，还要看产品是否受到终止条款的限制以及有无提前

赎回的条款。提前终止一般是银行的“权利”，银行提前终止一款产品一般是受到外力影响、国家政策的变动等原因。

(4)正确评估自身风险承受能力：正确评估自身风险承受水平及风险偏好，避免追求高收益而忽视风险。一款产品通常都会面临信用风险、流动性风险、利率风险、政策风险、管理风险、延期风险、理财产品不成立的风险、信息传递风险以及其他不可抗力的相关投资风险。在理财产品说明书上都会标明该款产品的风险等级，现在投资者购买理财产品前都要做风险测评，投资者应该尽量选择和自己风险偏好相对等的理财产品，如果超风险购买理财产品，则需要签订超风险投资书。

(5)注意后续信息披露：投资者在购买理财产品后，应及时关注银行披露的相关产品信息。

(四)银行柜员对个人理财产品销售的基本原则

(1)应当遵循诚实守信、勤勉尽责、如实告知原则。

(2)应当遵循公平、公开、公正原则，充分揭示风险，保护客户合法权益，不得对客户进行误导销售。

(3)应当进行合规性审查，准确界定销售活动包含的法律关系，防范合规风险。

(4)应当做到成本可算、风险可控、信息充分披露。

(5)应当遵循风险匹配原则，禁止误导客户购买与其风险承受能力不相符合的理财产品。风险匹配原则是指商业银行只能向客户销售风险评级等于或低于其风险承受能力评级的理财产品。

(6)应当加强客户风险提示和投资者教育。

四、个人理财规划

随着我国居民个人收入的不断增长，个人理财产品也迅速发展起来。客户理财意识的增强，要求银行理财经理能够针对不同的客户进行有针对性的理财建议，个人理财客户经理必须对各种理财产品理解到位，才能做到为客户提供恰当的理财建议和规划。

(一)投资理财并不神秘，做储蓄就是理财

自古以来中国老百姓偏爱储蓄，即使在通货膨胀时期，储蓄存款依旧是普通大众资产配置的首选，在个人财富的分配中占七成以上。储蓄在居民理财的投资组合中占据着重要地位，但一些人因缺乏科学的储蓄理财规划而损失利息收入。在低利率时期，为了使储蓄理财能赚取更多的利息收入，储户应在存款期限、存款金额和存款方式上注意以下几点。

1. 合理选择存款期限

在低利率时期，储蓄存款的期限既不要太长也不要太短。对于临时需要用钱的储户，最好采用连月存储法，即储户每月存入一定的钱款，所有存单年限相同，但到期日期分别相差 1 个月。连月存储法能最大限度地发挥储蓄的灵活性，储户临时需要用钱，可支取到期或近期的存单，且能减少利息损失。

2. 用“7 天通知存款”打理“闲钱”

“7 天通知存款”是一种介于活期存款和定期存款之间的存款业务。储户存入资金后，可以获得比活期存款更高的利息，但比 1 年期定期存款的利息稍低一些，提取存款需提前 7 天通知银行。因此，对于一笔不能确定用途和用时的“闲钱”，储户可利用“7 天通知存款”来提高利息收益。

3. 用“阶梯存储”应对利率调整

阶梯存储使储蓄到期额保持等量平衡，既能应对利率调整，又可获取 3 年期存款的较高利息。以 10 万元为例，4 万元存活期，便于随时支取；另外 6 万元分别存 1 年期、2 年期、3 年期定期储蓄各 2 万元。1 年后，将到期的 2 万元再存 3 年期，以此类推，3 年后持有的存单则全部为 3 年期，只是到期的年限不同，依次相差 1 年。

4. 分开储蓄，灵活支取

假如你有 1 笔资金想用于储蓄，可将其分成不同份额的若干份，分别进行定期存款。比如您有 1 万元现金，将其分成不同额度的 4 份，分别是 1 000 元、2 000 元、3 000 元、4 000元，然后将这 4 张存单都存成一年期的定期存款。这样，在 1 年之内不管什么时候需要用钱，都可以取出和所需数额接近的那张存单。这种方法适用于在 1 年内有用钱预期，但不确定何时使用、一次用多少的小额闲置资金。用分开储蓄法不仅利息会比存活期储蓄高很多，而且在取出时也能将损失降到最低。

需要注意的是，为方便起见，建议客户通过银行的多功能借记卡进行储蓄理财。这样，多笔定期存款都集中在同一张银行卡里，既便于客户管理资产，也不容易丢失或产生小额账户管理费。

（二）学会利用银行卡理财

银行卡是由银行发行、供客户办理存取款业务的新型服务工具的总称。银行卡包括信用卡和借记卡两种。因为各种银行卡都是塑料制成的，又用于存取款和转账支付，所以又称之为“塑料货币”。据中国人民银行发布的数据显示，截至 2012 年第三季度末，我国已发行银行卡 34 亿张，其中借记卡发卡量 30.82 亿张，信用卡发卡量 3.18 亿张。面对如此多的发卡量，如何使用信用卡理财也引起了投资者的关注。

1. 巧用信用卡理财

信用卡的主要功能是消费，银行一般根据持卡人资信，对信用卡规定信用额度(个人信用卡在 5 000 至 5 万元，公司卡在 5 万至 10 万元不等)。在非现金消费时，信用卡具有一定的免息还款期(指银行记账日至到期还款日之间的时间)，由于刷卡消费的时间不同，享有的免息期长短也不同，一般 20 余天，最长 56 天。在此免息期间，如果持卡人按时偿还所使用的限额资金，银行不收利息。因此，你可充分利用免息期，借用银行不需成本的资金来赚钱。比如，持卡人出国处理国际商务，可以先通过信用卡消费银行的钱，而自己的美元存在银行里赚利息。再比如，利用信用额度申购货币型基金，前提是能够非现金申购。货币型基金是一款进出自如，利率较高，风险很小的投资产品。当然信用卡的免息期功能是有时间限制的，要注意按期还款，如果持卡人到期仍未还钱，银行对超出额度的部分征收 5%的超限费，并对未还的金额计收复利(利率按日息万分之五计算)，逾期越长，利息损失越大。并且，你还将丧失你宝贵的银行信用。

2. 巧用借记卡的理财

(1)“一卡多账户”功能可以在同一张银行卡下设立不同的账户：活期、3 个月定期、半年定期、1年定期、3年定期等。在银行的柜台上一次开办“一卡多账户”业务后,客户就可以在家中或是办公室里通过电话银行或者网上银行,把自己的钱“搬来搬去”了。如一位客户把一笔钱入账,2 000元放在活期账户里,备日常消费和开支;500元存上3个月定期,预备女儿的生日宴会之用;500元存入1年定期,准备春节的时候给父母一个“大红包”;1 500元放进3年定期,在投资市场不太景气的日子里,就保守点拿点定期利息,收益率也不算低了。

(2)“一卡多币种”功能是和“一卡多账户”类似的一项银行卡服务,在同一张银行卡下拥有美元、欧元、港币、日元等多个不同币种的账户。还有的银行将“一卡多账户”和“一卡多币种”的服务进行了“打包”服务,就是说,在同一张银行卡下拥有多个币种、不同储种(活期和不同时间的定期)的账户。

(3)银行卡亦可投资。借助银行卡,客户完全可以进行股票、基金、债券、外汇各种金融产品的交易。目前,各个银行基本上都开通了“银证通”“银证转账”和“银基通”“银保通”的业务。“银基通”和“银证通”很相似,银行卡的用户可以使用“银基通”的功能从事银行所代理的基金的交易。有时候,在基金新推出之际,使用银行卡买卖基金还可以享受一定幅度的价格折扣。使用“银证通”和“银基通”还有一个最大的好处,那就是可以通过电话银行和网络银行,发出交易的指令。坐在家中,打打电话、敲敲键盘,就可以轻松投资。既免去了路途劳顿之苦,又不用担心错过重要信息。

(4)集中资产成为VIP客户。由于你集中了金融资产,如果你在某一家银行的存款数额达到银行规定的数量,会被银行确认为“VIP客户”。而成为VIP客户,就可以享受很多贵宾待遇,如优先办理业务,手续费减半或者免除,在特约商户处消费打折,甚至配备一对一的个人理财客户经理。如工行的“理财金账户”,招行的“金葵花理财”等,解决的已经不是省钱的小问题,而是生钱的大问题。

(5)善加利用网上银行和电话银行。当前,银行为了降低成本提高经营效益,纷纷撤并网点,使营业网点越来越少,因此大力推广金融电子产品,激励客户自己在家动手使用网上银行或者电话银行办理业务。因客户使用网上银行,不占用银行的柜台资源,并且网上银行是所有业务手段中成本最低的,所以银行会让利酬谢,对网上银行进行收费折让。例如,建设银行规定在网上银行和电话银行上办理速汇通(电子汇款),分别按6折和8折收费。因此,在收费的情况下,在家里使用电话和电脑自己“动手”办理业务,由“出门动脚”改为“在家动手”。其好处一是可以节省跑银行的精力和时间,二是可以节约日常的金融生活支出,何乐而不为?

五、生命周期理论下的个人财富规划

(一)生命周期理论概述

1. 含义

生命周期理论对消费行为做出了全新的解释,指出消费者在相当长的时间内计划他的消费和储蓄行为,以期在整个生命周期内实现消费的最佳配置。

2. 内容

个人的生命周期可以分为成长期、青年期、成年期、成熟期、老年期五个阶段。

（二）生命周期理论与个人财富规划

从生命周期整体出发考虑理财，掌握各个周期的特点，结合客户实际情况设计出更为合理的产品，使客户在整个人生过程中合理分配财富，实现人生的效用最大化。生命周期理论与个人财富规划见表 2-2。

人在成长期及老年期没有工作，支出大于收入，那么其生命余年的消费就必须依赖工作期的储蓄来实现。在成年期工作有收入，需要为老年期做打算提前储蓄，使得生命周期内的收入与消费支出持平。个人在人生的各个阶段具有不同的理财需求，每个阶段中所具有的特征也不尽相同，理财的策略也有所不同。

1. 家庭形成期

家庭形成期是已经建立家庭但没有孩子的时期，具有家庭稳定收入的人。不少家庭有购房还贷压力，有的打算购车但现金资产不多。这一时期应该合理使用信用卡，通过无息贷款获取差额收益。投资应追求收入的成长性，积蓄较多并且具有风险偏好的人，可能愿意承担一些风险，在储蓄基础上逐步将股票型基金、偏股型基金和债券类产品纳入理财的组合，以获取更高收益。核心资产可按股票 70%、债券 10%和现金 20%的比例进行配置。

2. 家庭成长期

家庭成长期工作开始蒸蒸日上，家庭中增加了孩子，既要为子女教育，又须为养老打算。此时的财务规划，教育金筹集是最重要的，增加了对保险的需求。对于有些房贷和车贷的家庭，更应该合理安排好个人信贷，逐步减少负债。其承担风险能力进一步提高，理财目标也更加明确可行，已可以考虑建立不同风险收益的投资组合，加大投资比例。

3. 家庭成熟期

家庭成熟期工作稳定，子女完成学业成人，自己快到退休年龄，经济收入达到高峰状态，债务逐渐减轻，没有太多的后顾之忧。考虑到为退休做准备，理财重点是扩大投资，制定合适的养老规划。理财目标更加追求稳定，一般不愿意承担太大的风险，主要建立低风险产品为主的投资组合。用于风险资金投资的比例应逐步减少，建议将投资的 50%购买股票或股票型基金，40%用于债券或定期存款，10%用于投资货币型基金。

4. 家庭衰老期

家庭衰老期主要指人的退休养老期。退休应该健康第一，财富第二。家庭衰老期以安享晚年为主，老年人，其主要收入为退休金、积蓄和理财收入，其风险的承担能力较弱，投资理财应以保本为主。个人理财一般遵循保守原则，对投资的流动性要求较高以备不时之需，最好将主要的投资用在货币市场基金、中短期债券等低风险产品和固定收益产品上，尽量减少不必要的投资损失，以保证有充裕的资金安度晚年。可安排储蓄和国债在 80%以上，合理搭配开放式基金，以防止通货膨胀让财富缩水。对于资产较多的，还需要采用合法手段节税。

（三）生命周期在个人理财方面的运用

（1）银行专业理财人员应根据客户家庭生命周期设计适合客户的银行理财产品、保险、信托、信贷理财套餐。

表 2-2　生命周期与个人财富规划

	家庭形成期	家庭成长期	家庭成熟期	家庭衰老期
夫妻年龄	25～35 岁	30～55 岁	50～60 岁	60 岁以后
保险安排	提高寿险保额	以子女教育年金储备高等教育学费	以养老保险和递延年金储备退休金	投保长期看护险
核心资产配置	股票 70%，债券 10%，货币 20%	股票 60%，债券 30%，货币 10%	股票 50%，债券 40%，货币 10%	股票 20%，债券 60%，货币 20%
	预期收益高、风险适度的银行理财产品	预期收益高、风险适度的银行理财产品	风险低、收益稳定的银行理财产品	风险低、收益稳定的银行理财产品
信贷运用	信用卡、小额信贷	房屋贷款、汽车贷款	还清贷款	无贷款或反按揭

(2)银行专业理财人员应该根据客户家庭生命周期的流动性、收益性和获利性需求给予资产配置建议，总体原则为：①子女小时和客户年老时，注意流动性好的存款和货币基金的比重要高。②家庭形成期至家庭衰老期，随客户年龄增加，投资风险比重应逐步降低。③家庭衰老期的收益性需求最大，投资组合中债券比重应该最高(图 2-1)。

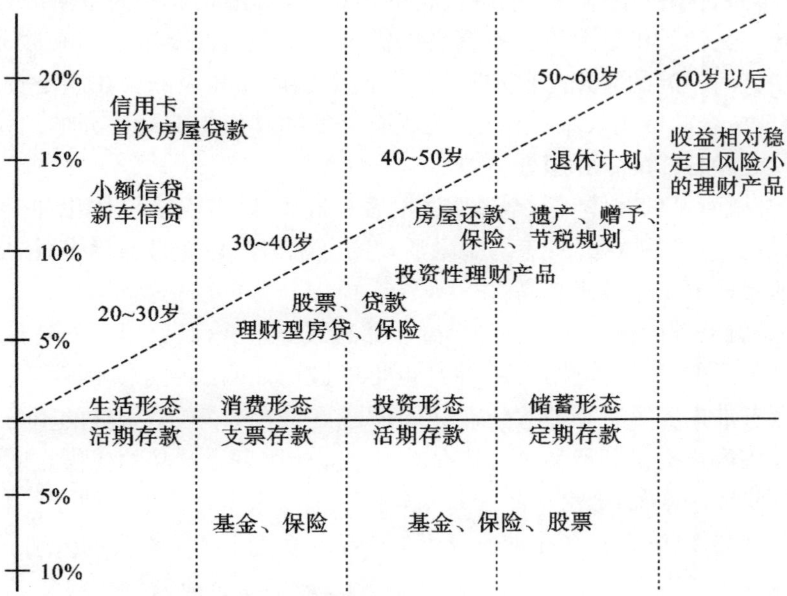

图 2-1　生命周期与个人理财示意图

2.2　金融营销基础知识

一、金融营销概述

金融营销是经济与金融发展到一定阶段后企业营销理念在金融领域的运用。随着金融市场的不断完善与金融体系的不断发展，金融营销的内容也日益丰富。在激烈的现代金融竞争中，金融营销发挥了巨大的作用，它有助于提升金融机构的管理水平、开展集约化经营、应对复杂多变的市场环境。可以说，金融营销是现代金融企业经营中的一项重要管理活动。

（一）金融营销的含义

金融营销是指金融企业以金融市场为导向，运用整体营销手段向客户提供金融产品和服务，在满足客户需要和欲望的过程中实现金融企业利益目标的社会行为过程。

金融营销过程包括：寻求和发现尚未满足的需要和欲望；测量需求量的大小；制订金融企业业务发展及竞争战略；选择能有效地为其服务的目标市场进行定位；制订和实施比竞争对手更有效的营销战略和策略；通过调研反馈信息，为进一步修正和调整营销战略和策略提供依据。

（二）金融营销的特点

金融企业必须与一般的工商企业一样实施市场营销，但是这种营销又具有其特殊性，这是由金融企业的自身特点所决定的。

第一，从金融营销的主体——金融机构的地位看，金融企业作为金融服务的提供者，不仅要在资金筹集活动中针对不同投资者的需要开发不同的金融产品和服务，又要在资金运用活动中针对不同的客户，开发提供不同的金融产品和服务。在满足资金需求者要求的同时，保证资金的使用效率和质量，还要充分发挥其作为交易中介的地位和作用，积极为客户提供各种各样的中介服务。

第二，从金融营销的客体——金融服务的客户群看，随着经济一体化和金融自由化的发展，金融市场发育日趋成熟，使参与金融活动的金融客户数量日益增多，构成日趋复杂，对金融服务质量的要求也越来越高。

第三，从金融营销的标的——各种金融产品和服务来看，具有以下的特点：第一，无形性。它是一种无形的、非实体化产品，并且也难以进行证明或展示。因此，有赖于金融机构告诉顾客服务的内容及特别的益处，以得到顾客的支持。第二，服务的不可分割性。当一个金融企业向客户提供其产品时也就提供了相应的服务。产品的提供在时间和地点上与服务具有同步性。第三，金融产品的非差异性。当一家金融企业提供了一种产品后，其他金融企业很容易模仿，而且各企业所提供的产品在功能上很难有大的差别。

由于金融营销具有上述基本特征，使得它比一般工商企业营销更显复杂。金融营销人员既要以市场营销理论为指导，又要根据金融业自身的特点，积极开展营销管理活动。

（三）金融营销的发展现状

金融营销管理大约是在20世纪90年代中期进入国内银行领域，虽然发展得如火如荼，但与国外发展成熟的金融营销相比较，我们还处在初级阶段。主要表现在以下几个方面。

（1）风险防范意识薄弱：许多金融企业好大喜功，忽视资本金约束和成本因素，脱离资金和管理能力，盲目拓展业务，不良资产比例过高，风险加大。

（2）不重视市场研发：金融营销应以市场为中心，不断分析和研究客户的消费心理和行为，掌握营销管理的主动权。目前，市场研究与开发尚未成为我国大多数金融企业的自觉行为，而是盲目地模仿竞争对手，致使金融营销行为趋同。

(3)缺乏整体营销理念：现代营销观念应以整体营销思维为核心，充分发挥各职能部门在产品、价格、渠道和促销等方面的整体协调功能，以取得综合经济效益。尽管我国不少金融企业重视营销观念，但各部门之间条块分割、相互竞争的情况十分普遍。例如，银行内部的储蓄部门与信用卡部门之间相互竞争吸储现象就较为典型。

(四)金融营销的发展趋势

随着金融服务模式的发展，金融业的营销也在不断发展，各个金融企业每天都在创造新的营销策略和竞争方法，其未来趋势表现如下。

(1)重视和抓好对内部员工的培养和训练工作。金融企业将走向全面营销的时代，营销将渗透金融企业活动的方方面面，尤其是“内部营销”出适合这种需要的产品并以符合消费者心理的方式传递给消费者。满足客户需要的问题，在西方营销学界有人称之为“外部营销”，而金融业营销还必须解决“内部营销”问题。“内部营销”就是企业的决策层和领导层必须善于与下属沟通，通过引导来帮助下属做好工作，这对金融企业来说尤为重要，因为金融企业从事第一线工作的广大员工与客户有着最直接和最广泛的交道，他们的言行举止直接会影响客户对银行的“第一印象”，所以必须重视和抓好对内部雇员的培养和训练工作。

(2)金融企业将创新一套适应其企业特色的别具一格的行业实务营销。金融业独特的服务方式决定了其营销不能死搬硬套工商企业那一套。作为第三产业的金融服务业，其营销特点就是服务加服务。金融企业只有建立“大服务”观念，强化“大服务”意识，积极改进和创新服务品种、服务手段和服务设施，才能向社会提供高质量、高效率、高层次的金融服务，赢得竞争优势，树立良好形象。

(3)为实现差异化服务，未来的金融业将更注重特色营销。金融企业将通过市场调研活动，适时地确立企业经营发展的目标，设计特色产品。如各银行的房贷按揭产品根本落脚点就是服务于客户对住房这项最大资产的需求。包括建设银行的“阶段贷”、招商银行的“随借随还”、交通银行的“置换式贷款”、光大银行的“随心房贷”等，以不同的金融产品满足不同层次的消费需求，强调特色、发挥优势、扬长避短是开展金融营销的内在要求，为适应金融市场的变化和节奏，金融业将会实施善变营销和快速营销，如今的时代是一个飞速发展、加速变型的时代，没有一成不变的所谓“金科玉律”。

(4)为了在吸引新客户的同时稳定老客户，未来金融业必须走持续营销的道路。持续营销是指产品或服务提供者采取有效的推销策略与现有顾客和潜在顾客维持密切的关系，在掌握顾客各种有关信息和对这些信息不断更新的前提下，对顾客现时的偏好和未来的需要进行深入了解和分析，在成本可行的条件下尽可能满足顾客的要求，并在产品的选样、发送等方面提出合适的参考建议。

(5)随着当今高科技日新月异的发展，金融营销将更注重高科技的运用。如网上交易、全球电子交易系统等形式的出现，都说明新兴技术将不断被用于金融交易活动中，促使金融企业的经营方式、金融产品的形式发生重大变化，也使金融营销活动在更广阔的空间开展成为可能，可以说，谁拥有高科技，谁就拥有强大的竞争优势，也就可能更多地拥有顾客和市场。

知识链接:营销观念深入"银"心

在营销上,有人这样比喻:世界500强是"博士生",跨国公司是"硕士生",中国本土企业是"大学生",中国的商业银行是"中学生"。20世纪90年代,中国银行也似乎对"市场营销"的概念比较陌生。当时的银行是"坐商",开发出产品等客上门,但在竞争对手的步步紧逼下,银行逐渐以客户为中心,变为"行商",银行员工不再是西装革履地坐在办公室里等客户,而是走出去找客户。

二、银行营销客户分析

随着金融市场的开放,我国银行业的经营理念已从"以产品为导向"转变为"以客户为导向",在转变中,各家银行都以各自独特的创新营销来吸引客户。

(一)银行客户的资源价值

随着金融企业竞争的日益激烈,人们越来越强烈地认识到客户资源将是获胜的最重要资源和最基本的竞争利器。客户的资源价值主要体现在以下几个方面。

1. 市场价值

客户资源对银行的市场价值(客户购买银行产品、服务,使企业的价值得以实现)主要表现在以下三个方面。

(1)利润来源。银行的利润主要源于产品的销售,客户是利润的根本来源。

(2)新产品与新服务的首推对象。如果客户已经使用银行的一种产品,有一定的消费体验,对这家银行已经有了一定了解,就比较容易接受该银行的零售新产品。

(3)老客户扩大需求时被首选。客户对银行了解得越多,情感上越是倾向于该银行。当他们需要其他产品时,如果该银行有类似的产品,他们一般会优先考虑该银行。

2. 规模优势

如果银行的忠诚客户在市场中占据相对较大的份额,那么就会形成规模优势,从而能降低银行的成本。另外,规模优势可以带来极大的从众心理,大量的客户群会成为其他客户考虑的重要因素。

3. 品牌优势

客户的舆论宣传有两种价值取向,正面宣传银行的品牌与负面宣传对银行的影响都非常大,银行只有提供高质量的服务,才能令客户满意,树立良好的银行形象,获得客户的正面宣传。

(二)银行客户的信息价值

客户信息对银行来讲是最为重要的价值,它会直接影响银行的经营行为,以及对客户消费行为的把握,成为银行下一阶段经营的依据。银行在接触客户的过程中可以直接获取第一手资料,这对于银行来说是极其宝贵的。

1. 初次面谈的准备

初次面谈时,客户经理应该尽量了解和判断客户的财务目标、投资偏好、风险态度、承受能力等信息，做好以下准备。

(1)了解客户的背景与个人喜好，特别是有无在本行投资理财产品，受益如何。

(2)为客户预留好车位，增强客户好感。

(3)将座位调整为与客户并肩坐，而非面对面坐。

(4)确定客户在家是否有财务决定权。

(5)用短信将再次会面的时间与地点及注意事项发给客户，并做时间确认。

2. 与客户沟通的技巧

与客户沟通时如何才能更迅速、更有效地得到我们所需要的客户信息呢？具体做法如下。

(1)选择合适的提问方式。提问可以是开门见山，也可以委婉引出，开门见山容易将问题放大化，委婉引出比较顺其自然，容易接受。如果客户对问题回答有难度，可以提供多种备选答案供其参考，比如要想了解客户对投资期限的预期，可以这样问：你希望这笔资金的投资期限在5年以内还是5年以上？对客户来讲，基本上所有客户都讨厌营销，但很少有客户讨厌银行柜员深入了解自己，然后为自己量身定制适合自己的产品。

(2)对客户采取委婉的提醒方式。有些客户习惯于按照自己的思维表达意见，口若悬河，滔滔不绝，此时银行柜员应提醒其放慢语速，以获取更加准确的信息。与客户沟通时，银行柜员还应该是一个忠实的倾听者，并作适当地总结和评论。有位银行柜员自嘲道：我用了3年时间学会讲话，但我用了30年时间还没学会闭嘴。可见倾听也是一项需要我们去练习的能力。

(3)注意措辞的合规性与语言运用的专业化。①与客户会谈时应该用“我们”而不是“我”，体现与客户打交道的是机构而不是个人，以增加客户的信赖度。②不使用“保证”“肯定”“必然”或其他具有承诺性质的措辞，避免承担不必要的法律责任。③在介绍所在银行优势时，不得使用贬损其他银行或营销人员的语言，这样会使客户对你的职业素养产生怀疑。④应采用中等语速与客户交谈，吐字清晰，否则可能会引起误解。⑤运用专业化的语言，措辞严谨，态度尽量友善。作为银行柜员应该时常读一些财经杂志，听一些财经广播，登陆一些财经网站，以提高自身的专业能力。

(4)非语言沟通的重要性。非语言沟通的信息可以通过双方的身体语言，如面部表情、手势、眼神等方面来传递。据统计在面谈时，音调和语气传递的信息占38%，身体语言占55%，沟通内容只占7%。例如交谈时，眼睛要注视着客户；面部表情放松；保持微笑；保持直立的坐姿；避免情绪激动的手势，如握拳和弹指，不要有耸肩的行为。

3. 客户信息收集的方法

营销人员或客户经理只有在获取了客户各方面的信息之后，并在此基础上对信息进行整理加工，才能够制定出符合客户需求的营销方案，这是营销人员的基本技能。客户信息通常划分为三种类型：事实性信息、判断性信息、推论性信息。事实性信息是对客户的一些事实性描述，包括客户的工资收入、年龄等。判断性信息是指那些无法用数字来表示的信息，常常带有主观性，如客户对风险的态度、客户未来的工作前景。一般来说此类信息较难收集，却对整个营销方案会有很重要的影响。推论性信息是指经过分析和推断而得出的信息。具体信息有以下几种：①生活态度。②生活方式。③投资倾向。④投资水平。⑤潜在经济需求。⑥固定资产。⑦收入与日常生活消费水平。⑧职业类型和收入的稳定程度。⑨获取投资的项目和收益水平。⑩兴趣爱好。⑪家庭主要成员的年龄和职业。⑫住房和汽车消费。⑬基本养老和医疗保险。⑭商业保险。⑮子女教育。

知识链接:购买价值观

有人要买车,车的价钱从三四万到三四百万甚至上千万不等,这个客户该如何选择?他买的只是一个交通工具而已吗?应该不是。为什么有人要花几百万买一辆名车?除了便利,他可能更需要的是一种安全感,他可能要的是一种舒适的感觉,成功的感觉,身份的象征。成就感或是自信心等都是购买价值观。

4. 寻找客户的购买价值观

银行营销应在整个销售过程中用最短的时间找出客户的真正需求,换句话讲,就是找出他的购买价值观,之后再调整营销方式与服务的介绍过程,让客户能非常清晰地感觉到你的金融产品能够满足他的需求,能够符合他的价值观。寻找客户的购买价值观,一般分为四个步骤。

(1)找出购买标准:通常客户在购买银行的营销产品时,他最重要的考虑标准或是价值观通常有四点,我们称之为四大标准原理。

(2)排列价值层次:在四大价值观中,必须找出它的价值顺序层次,这一点非常重要,因为营销人员的产品介绍顺序必须跟客户的价值顺序层次相符合,否则客户会对你的金融产品价值感下降。

(3)测定价值规则:客户对价值观所下的定义就叫价值规则。客户在购买银行营销产品时,针对同样的价值观,张三和李四客户定义的规则就有可能不同。

(4)与营销产品进行联结:银行营销人员要做的是与基金理财产品进行联结,让客户感觉到你的理财产品能够符合他的购买规则、价值观和顺序。

案例分析:价值观分析

张先生准备将自己账户里的10万元购买银行的基金理财产品,但银行营销人员不是很了解张先生希望投资什么类型的产品,所以通过对客户购买价值观分析与探索来了解客户的购买标准。

银行营销人员:张先生,我们银行的基金产品多种多样,不知道您想买什么样的?

张先生:我不是很懂,最好是收益高的,风险在可控范围内,而且我需要用钱时,可以迅速地取出现金。

银行营销人员:嗯,我记下了,还有吗?

张先生:再就是给我选个大基金公司推出的基金,太小的我怕没有保障。

基于这样的对话,银行营销人员了解到了客户的四大基金投资价值观:收益高,风险可控,赎回灵活,出自大基金公司。问题是还不知道张先生最关注的是什么?如果能抓住客户的核心价值观,那么营销起来就容易多了。所以,还要给张先生的购买价值观进行排序。

如张先生投资基金的价值观排序如下：

A.赎回灵活；

B.风险可控；

C.大基金公司；

D.收益高。

接着再根据张先生的描述对他的投资价值观确定价值规则如下：

A.赎回灵活：申请后的两三天到账；

B.风险可控：别赔太多就行；

C.大基金公司：综合实力排名进前十；

D.收益高：收益是活期存款的数倍。

最后，银行营销人员要做的是与银行基金理财产品进行衔接，让客户感受到你的理财产品能够符合他的购买规则、价值观和顺序。

三、银行客户的开发

（一）银行客户开发原则

作为银行营销人员在开发客户以前必须明确自己的目标客户，即什么样的客户需要这种产品。遵循开发客户的几个原则：一是主动原则，二是创新原则，三是慎重原则，四是定位原则。在约见客户时，在他不了解你的产品或服务之前，在他不信任你的产品或服务之前，在他与你没有一点感情之前，不要轻易跟客户谈产品或服务交易。越是重要的客户一般越忙，与他们说话要少而精，最好用一句话把自己的产品或服务特点说出来，只要他对第一句感兴趣了，后面的话就容易听进去了。

（二）银行客户开发策略

客户的开发都是从寻找新客户开始的，主要指寻找潜在客户，除了依靠营销人员自身的努力之外，还必须掌握并运用基本的途径和方法，适合刚毕业参加工作的银行营销人员的途径主要有以下几种。

1. 资料查询策略

资料查询策略指通过各种有关的信息资料来寻找客户的方法，目标客户的信息可能来源于某些公共情报，如人名地址簿、登记录以及专业名册等。

2. 名人介绍策略

名人介绍策略指在某一特定的客户开发区域内选择一些有影响的人物，使其成为自己的客户，并获得其帮助和协作，将该范围内的营销对象转化为潜在的目标客户的开发方法，又称为“中心开花法”。

3. 电话探寻策略

电话探寻策略指以打电话的形式来寻找客户的方法。采用该方法一定要注意谈话技巧，打电话的目标是获得一个约会，不可能在电话上推广复杂的银行产品或服务。

4. 个人观察策略

个人观察策略指营销人员通过对自己周围环境的分析和判断来寻找客户的方法。这种方法具有成本低的特点，但对营销人员观察和判断力要求较高。在坐车或理发的过程中都有可能判断出潜在客户，只有不断寻找机会的人，才能及时把握住机会。

5. 合作伙伴推荐策略

合作伙伴推荐策略指银行与证券、保险、信托、投资公司等之间相互推荐，交换客户信息，实现资源共享。

6. 短信开拓策略

短信开拓策略的典型特征是便捷、便宜、互动性强。

7. 网络服务策略

随着科技的发展，基于互联网的客户支持已成为银行营销人员不可或缺的服务渠道。网络服务策略指通过网络营销人员可以提供银行最新的业务信息、营销政策、疑难问题解答等，实现与客户的互动交流。

客户的营销过程需要循序渐进，不能操之过急，见到客户二话不说直接上前进行产品介绍的强行推销方式已经越来越落伍，效果也越来越差。所以我们在开发客户的过程中需要灵活运用技巧和方法。

想一想

在客户开发过程中，如何识别我们要争取的客户？

四、银行客户的维护

经历了2008年的金融危机，很多客户通过银行投资的金融产品亏损严重，因此，银行丢了很多客户，虽然原因是多样化的，但其中暴露出一个很重要的原因是银行没有对这些客户进行系统的关系维护。

现在大多数银行营销人员也是侧重于客户的开发，不关注客户的维护与再次营销，这如同狗熊掰玉米一般，客户利用率非常低。这种做法必须改变，否则银行营销就处于机会主义阶段，没有办法实现可持续的营销。

知识链接：老客户的重要性

据哈佛商业报道统计：一个满意的客户会引发8笔潜在的生意，其中至少有1笔成交，一个不满意的客户会影响25个人的购买意向；获得一个新客户的成本将是维持1个老客户成本的5～10倍，而且再次光顾的客户可带来25%～85%的利润；吸引老客户的首要原因是服务质量，其次是产品，最后才是价格。

老客户是银行品牌树立、利润来源的重要支持者，维护老客户比开发新客户更为经济有效，所以银行营销重点应是通过优质的服务维系有价值的客户群。出色的客户服务会让银行保持现有客户，使客户乐意与银行继续合作。银行以优质的服务维护客户要做到以下几个方面。

（一）重视客户的信息反馈

客户反馈就是反映客户的想法与需求，通过客户反馈，银行能了解到客户的需求、了解到其他竞争对手的活动和市场的变化。如果对客户的咨询、求助、投诉漠不关心或者反应迟钝，态度冷淡，客户将会迅速流失，而且他们还会成为“反面宣传者”。银行营销人员要构建客户反馈信息收集系统，通过各种途径倾听客户的声音，将客户的不满及愿望及时反馈给相关职能部门，以优化产品性能，满足客户要求。

（二）向客户提供个性化的服务

银行的服务品牌要想拥有持久性、竞争性必须源于其个性化的服务。只有个性化的服务才能让客户感受到品牌的体验优越感，从而感受到独特的品牌内涵，否则很难隔离其他竞争性品牌的信息。银行营销人员只有与客户进行亲情化的沟通才能对客户的生活习惯、消费观念、爱好等掌握清楚，才能对客户提供有效的个性化服务。

（三）与客户同理心态

让客户满意并配合银行的工作是需要技巧的，银行营销人员从客户的角度看问题，能使客户在购买的过程中获得愉悦的心情，这就是同理心态的内涵。

案例：银行营销人员拿出一张表请客户填写，客户一看就烦了，他反问营销人员有必要填吗？银行营销人员说：“我认为没有需要，但如果银行有什么好的金融信息可以及时通知您，有什么事情，如果您正好外出，还可以通知您的家人。”客户听后愉快地填完了表格。

（四）一切为了客户

银行营销人员首先要知道客户需要的是什么，根据客户的需要，重视客户的意见，让用户参与决策，最大限度地使客户满意。满足客户个性化的要求，客户终会“投桃报李”。

（五）尊重与客户的差异

在银行营销人员与客户的交往中不要想着去改变客户，要尊重客户，理解客户，从而让客户自己改变他的购买决定与习惯。

银行营销的竞争日益激烈，最根本的竞争是关于客户的竞争。谁拥有客户，谁就抓住了生存法宝。获得客户不仅要开发新客户，更要维护老客户。

模块小结

（1）个人理财业务，又称财富管理业务，是指商业银行为个人客户提供的财务分析、财务规划、投资顾问、资产管理等专业化服务活动。个人购买银行理财产品时，要注意所购买的产品要与自身的风险承受力匹配，切忌只注重收益而忽视风险。

（2）银行个人理财产品可以分为本币和外币理财产品。当然随着金融创新的不断深化，理财产品也在不断创新变化。

(3)不同的个人理财产品风险和收益是不等的，个人投资者要根据自身对风险的好恶决定购买理财产品的类别。

(4)个人银行理财是理财规划的实现过程。个人投资者需针对自身的短期、中期和长期收益目标结合个人的家庭结构、年龄结构梳理出适合自己的理财思路，有计划、步骤地选择银行理财产品和服务，目标应是帮助自己和家人或客户增加财富，或者提供理财建议。

(5)金融营销是指金融企业以金融市场为导向，运用整体营销手段向客户提供金融产品和服务，在满足客户需要和欲望的过程中实现金融企业利益目标的社会行为过程。由于金融营销比一般工商企业营销更显复杂，使得金融营销人员既要以市场营销理论为指导，又要根据金融业自身的特点，积极开展营销管理活动。

(6)我国金融营销还处在初级阶段，主要表现在风险防范意识薄弱；不重视市场研发；缺乏整体营销理念。金融业营销未来将走向全面营销的时代，尤其是"内部营销"；创新一套别具一格的行业实务营销；金融业将更注重特色营销；金融业将会实施善变营销和快速营销；必须走持续营销的道路；金融营销将更注重高科技的运用。

(7)银行客户的资源价值主要体现在市场价值、规模优势、品牌优势、信息价值四个方面。银行客户的需求分析则主要从客户和客户家庭的生命周期以及寻找客户的购买价值观这两方面进行。

(8)银行开发客户的几个原则为主动原则、创新原则、慎重原则及定位原则。客户的营销过程需要循序渐进，不能操之过急，在开发客户的过程中需要灵活运用各种技巧和方法。老客户是银行品牌树立、利润来源的重要支持者，维护老客户比开发新客户更为经济有效，所以银行营销重点应是通过优质的服务维系有价值的客户群。

模块习题

一、填空题

1. 个人理财业务，又称________，是指商业银行为个人客户提供的________、________、________、________等专业化服务活动。

2. 按照管理运作方式不同，商业银行个人理财业务可以分为________和________。

3. 个人理财规划业务首先出现在________。我国银行个人理财服务始于代理收付型的"________"。

4. 银行理财产品的构成要素包括________、________、________、________、________、________。

5. 银行卡包括________和________两种。

6. 我国的银行理财产品按标价货币分类，银行理财产品分为________、________和________三类。

7. 理财产品按收益类型分类分为________和________两种类型。

8. 个人的生命周期可以分为________、________、________、________、________五个阶段。

9. 银行的形象目标是________、________、________。

10. 客户资源对银行的市场价值主要表现在________、________、________三个方面。

11. 寻找客户的购买价值观，一般分为________、________、________、________四个步骤。

二、简答题

1. 购买银行理财产品要防范哪些风险？
2. 对比分析几类个人银行理财产品的特点。
3. 调查你居住地附近银行的个人理财产品有哪些类别。
4. 运用家庭生命周期理论结合各自家庭状况，为自己设计一份理财规划。
5. 假如今年春节你收到 3 000 元压岁钱，家长希望你用所学知识对压岁钱合理规划，谈谈你的规划，并简要说明理由。假如你的压岁钱是 7 000 元，你的规划如何调整，并简要说明理由。
6. 什么是金融营销？
7. 金融产品和服务的三个特点是什么？
8. 家庭生命周期的四个阶段及其与金融营销的关系特点是什么？
9. 寻找客户购买价值观的四个步骤是什么？
10. 什么是营销同理心态的内涵？
11. 思考一下在银行营销过程中应如何处理客户的不满？

业务实训

模块3 活期储蓄业务

3.1 初始操作与日初处理

[知识要点] 了解初始操作与日初处理的柜面基础知识，掌握活期储蓄业务的基本规定；初始操作、日初处理及活期储蓄业务的操作方法。

[操作要点]

1. 操作员密码修改
2. 操作员学号修改
3. 增加尾箱
4. 凭证领用
5. 重要空白凭证出库
6. 尾箱轧账
7. 凭证综合查询
8. 重要空白凭证查询

3.1.1 初始操作与日初处理基础知识

同学们，现在你作为一个新柜员开始上岗了！

新柜员上岗要严格按照岗位流程工作，你要知道从开始上岗到一天工作结束的业务流程：新柜员登录—增加钱箱—重新以钱箱号登录—领用凭证与现金—凭证出库—开立账户—接票—审票—业务操作—(复核)—回单—日终轧账—账账、账实核对—日报表打印—整理并移交凭证。

一、各个业务流程操作要点

1. 营业前准备

(1)打扫卫生。

(2)整理日常用具。

(3)检查着装并挂好工号牌，做到整洁、庄重、规范。

(4)按有关制度规定检查随身携带物品、用具是否符合规定。

(5)检查安全防卫器具是否正常、完好，二道门是否上锁。

(6)现金及重要单证出库。

2. 签到

柜员使用自己的操作码和密码在银行业务系统签到，准备办理业务，注意密码必须定期更换。

3. 日常业务处理

详见实训业务处理流程图。

4. 复核

对于一些重要的业务和金额比较大的业务，必须换人复核确认无误后才能完成该业务。

5. 轧账、签退

日终营业结束，先由各个柜员轧账并签退，再由主管或主管兼柜员进行总轧账，然后做行所签退。做了行所签退后，整个营业网点当天不能再进行任何业务。

二、现金管理基本规定

(1)按柜台设置钱箱并按编号使用。

(2)设专人统一管理现金大库，大库管理人(管库员)负责与其他柜员的调剂工作。

(3)每日打印现金日记簿、现金收付结算数据表，作为与现金实物核对的依据。

(4)每日营业终了，柜员必须轧账、核对库存，钱箱由双人核查并双人上锁加封；钱箱交接必须当面进行。

(5)网点主管每周至少查库一次，核查尾箱(钱箱)现金和重要单证是否账实一致。

三、凭证管理

各类存款凭证如表 3-1 所示。

表 3-1 各类存款凭证

业务类型	业务功能	凭证类型	备注
储蓄	活期	普通存折	所使用凭证需通过凭证管理步骤操作后方可使用
	整存整取	双整存单	
	整存零取	普通存折	
	零存整取	普通存折	
	定活两便	定活存单	
	存本取息	普通存折	
	教育储蓄	普通存折	
	通知存款	普通存折	
借记卡	活期	借记卡	所使用借记卡需通过凭证管理步骤操作后方可使用
	整存整取		
	零存整取		
	定活两便		
	教育储蓄		
	通知存款		

3.1.2 初始操作与日初处理实务操作

一、操作员密码修改

（一）相关规定

操作员密码修改是初始操作中的第一项操作内容，在实际工作中，柜员每人必须有自己的密码，不得设公共密码，并定期更换密码。实训中，同学们也要设置自己的密码，以方便签到。

（二）系统界面的进入

在主界面下选择：通用模块—操作员管理—操作员密码修改

（三）操作说明

填写操作员代码、旧密码、新密码和重复新密码，然后执行。操作员代码：操作员代码按班级人数或支行人数编制：如 s0001 s0002 s0003 s0004…，s 是对私业务系统的标志。

（四）界面操作

(1)操作员代码：填写本人分配的代码。
(2)旧密码：初始密码 888888。
(3)新密码：用自己熟悉的密码，不要太复杂，以免忘记。
(4)重复新密码：更改后的新密码再输入一遍（图 3-1）。

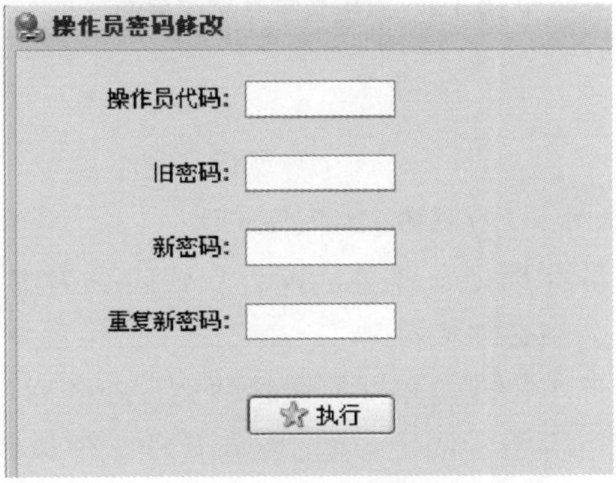

图 3-1 操作员密码修改界面

二、操作员学号修改

（一）相关规定

操作员学号修改是初始操作中的第二项操作内容，学号的设置是实训中专用的一项设置，为了便于统计成绩，要把自己的真实学号填到“操作员学号”一项。同时，为了便于统计成绩，要求学校统一为两位数字，即 1～9 号的要填写 01～09。

（二）系统界面的进入

在主界面下选择：通用模块—操作员管理—操作员学号修改

（三）操作说明

要求填写操作员代码、密码、姓名、学号，然后执行。实训中，操作员密码尽量简单，用 6 位数字即可，否则输错密码，凭证会自动关闭，影响进程。学号和姓名都要用自己真实的学号和姓名，便于统计成绩。

（1）操作员代码：填写本人分配的代码。

（2）操作员密码：修改后的新密码。

（3）操作员姓名：用自己的真实姓名注册，以便统计分数。

（4）操作员学号：用自己的真实学号注册，以便统计分数（图 3-2）。

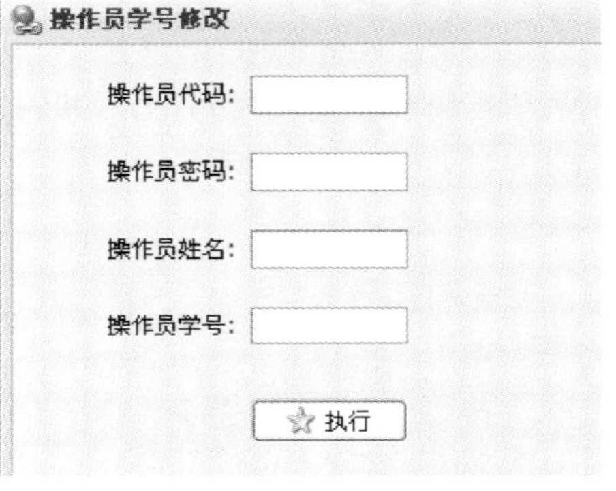

图 3-2 操作员学号修改界面

三、增加尾箱

（一）实际工作中钱箱（尾箱）的概念、分类与管理

（1）概念：钱箱是指柜员办理现金业务的库存。钱箱分为虚拟钱箱（电脑系统中设置的钱箱）和实物钱箱，两者金额必须相符。

（2）分类：钱箱分为业务库（大库）和柜员钱箱两类。业务库（大库）是属于营业网点的库存，每个业务网点只有一个，编号固定，指定专人管理。柜员钱箱是属于柜员个人名下的库存，凡当班需要办理现金业务的柜员每人一个。

（3）钱箱的管理：业务库钱箱只能由管库员（业务主办或业务主管）领用，柜员钱箱由柜员领用。实际工作中的虚拟钱箱是系统设置而成。实训中的虚拟钱箱由柜员自动设置，由系统统一生成，钱箱管理主要包括对钱箱中的现金和各种凭证进行管理。包括当日该柜员现金、凭证的领用、上缴、入库、出库及余额数。柜员只有设置了虚拟钱箱才能办理领用凭证和现金交易。

(二)系统界面的进入

在主界面下选择:通用模块—钱箱管理—增加尾箱

(三)操作说明

实训中的增加尾箱就是银行柜员要为自己准备的一个电子钱箱,用来储存凭证、现金等资料。柜员第一次登录系统时,必须要设置一个尾箱号,否则,无法领用凭证及进行现金业务。钱箱的编号由自己编制首位为“0”的 5 位数作为钱箱号,首位“0”是对私业务的标志。注意,每个人的钱箱号不能重复。

(四)界面操作

(1)尾箱编号:5 位数字。建议与柜员代码相连,以免出现重复编号。如代码为“s0001”的同学,钱箱号可以用“00001”。

(2)尾箱名称:“姓名+钱箱”即可作为自己的尾箱名称。

(3)设置尾箱号时,可选择与本人绑定,这样第一次登录系统时输入尾箱号系统就会自动记住,再次登录时就不必输入钱箱号,系统会默认已绑定的尾箱号登录(图 3-3)。

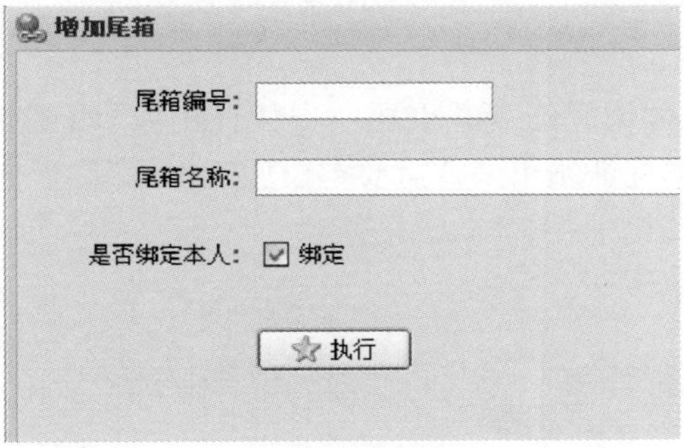

图 3-3 增加尾箱界面

四、凭证领用

(一)实际工作中的凭证基础知识

在计算机业务系统,每个营业网点都有一个虚拟“凭证库房”,每个柜员都有一个虚拟“凭证箱”,虚拟“凭证库房”、虚拟“凭证箱”的重要空白凭证数量和号码要与实物“凭证库房”、实物“凭证箱”相符。营业网点从上级行领入的重要空白凭证要进入虚拟“凭证库房”,柜员从凭证库房领用的重要空白凭证要进入虚拟“凭证箱”才能使用。所以凭证领用前,必须使用尾箱号重新登录,否则无法领用凭证。

重要空白凭证是指无面额、经银行或单位填写金额并签章后即具有支付效力的单证。包括支票、银行汇票、商业汇票、存款开户证实书、存折、储蓄卡卡片、凭证式债券收款凭证等。有价单证是指待发行的印有固定面额的特定凭证。目前,银行的有价单证种类已比较少,主要有金融业务收入发票、大额存单等。

（二）系统界面的进入

首先使用尾箱号重新登录，然后在主界面下选择：

通用模块—凭证管理—凭证领用(到部门)

（三）操作说明

(1)录入要素为“凭证类型”“开始号码”“结束号码”，均为必输项。

(2)“凭证类型”指9类凭证，每次只能领用一类，需要领用9次才能将9类凭证从支行的钱箱中领出来。①领用“一本通存折”10张，凭证号码为8位数。②领用“一卡通”10张，凭证号码为8位数。③领用“大额双整存单”10张，凭证号码为8位数。④领用“整存整取”存单10张，凭证号码为8位数。⑤领用“出入库凭证”10张，凭证号码为8位数。⑥领用“普通存折”10张，凭证号码为8位数。⑦领用“普通支票”25张，凭证号码为10位数。⑧领用“定活两便存单”10张，凭证号码为8位数。⑨领用“信用卡”10张，信用卡号码(16位)：8989(4位)＋部门号(4位)＋顺序号(8位)。

(3)开始号码：4位部门号＋4位凭证顺序号。

(4)结束号码：4位部门号＋4位凭证顺序号。

（四）界面操作

日初处理主要是指“领用凭证”和“重要空白凭证出库”两项业务，“领用凭证”是指从支行中把你所需要的9类凭证领出来，“重要空白凭证出库”是指把从支行领出来的9类凭证再次领到柜员自己的钱箱中(图3-4)。

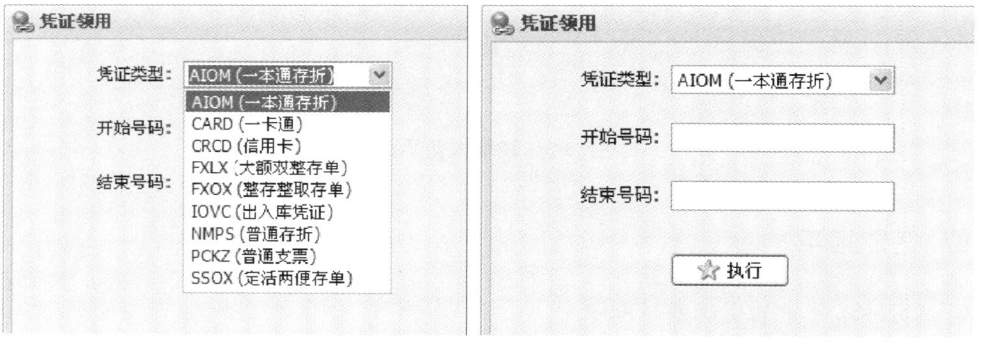

图3-4 凭证领用界面

柜员领用凭证是为了办理业务用。如办理普通活期开户的客户，需要一张储蓄存折，那么就可以从你所领用的存折中使用一张(只要凭证号被使用就意味着这张凭证已经使用)。最好从第一张开始使用。领用凭证时，凭证“开始号码”与“结束号码”不能与其他柜员领取的号码相同。除了支票和信用卡外，凭证“开始号码”与“结束号码”都是4位部门号＋4位凭证顺序号，自己领用的凭证号码应记住，以便接下来的业务操作方便使用。

五、重要空白凭证出库

（一）含义

重要空白凭证出库意思就是将从支行钱箱中领用的凭证再次领到柜员个人的钱箱中。因为只有将凭证领到柜员个人的钱箱中方可使用。注意：出库金额超过库存数量时，系统会提示“不能透支”。

（二）系统界面的进入

在主界面下选择：通用模块—钱箱管理—重要空白凭证出库

（三）操作说明

该交易用于网点操作员对支行库钱箱的凭证进行领用的业务处理，由柜员操作，操作完成后该批凭证进入相应操作员钱箱。

(1)录入要素为“出库种类”“凭证张数”，均为必输项。

(2)“出库种类”包括 AIOM 一本通存折、CARD 一卡通、CRCD 信用卡、FXLX 大额双整存单、FXOX 整存整取存单、IOVC 出入库凭证、NMPS 普通存折、PCKZ 普通支票、SSOX 定活两便存单。

（四）界面操作

(1)出库种类：指 9 类凭证，每次只能出库一类，需要出库 9 次才能将 9 类凭证领入自己的钱箱中。

(2)货币：是指用哪类货币购买凭证。在此用人民币购买。

(3)金额：每张凭证的定价为 1 元，每类凭证领用 10 张，所以金额为 10 元(图 3-5)。

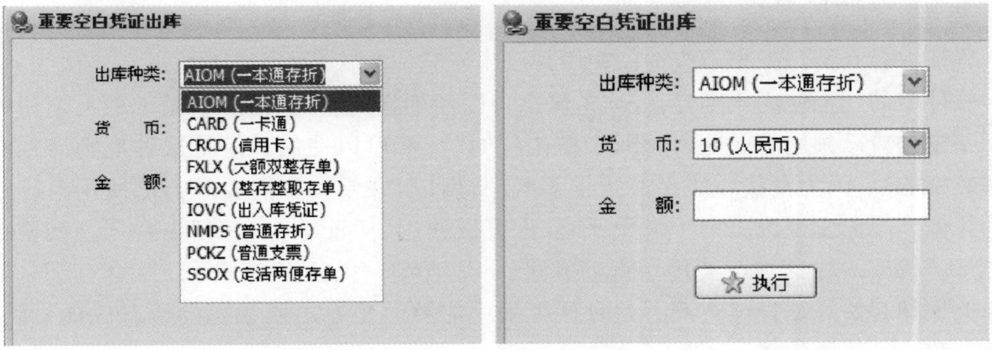

图 3-5 重要空白凭证出库界面

六、尾箱轧账

（一）相关规定

(1)为避免在领用和出库时漏掉凭证，当凭证出库完毕，需要到自己的钱箱中查看一下 9 类凭证是否完整无缺。查看方法：通用模块—钱箱管理—尾箱轧账—轧账，查看领用的凭证是否有误，如果有误，应立刻纠正。

(2)柜员查看个人钱箱中现金及凭证情况。尾箱轧账的目的就是可以让柜员实时查看柜员个人钱箱中各种凭证的使用情况。“部门轧账”是柜员用来实时查看支行钱箱中凭证及现金使用情况。如果柜员个人钱箱中的现金余额为0,则无法进行取款操作。

(二)系统界面的进入

在主界面下选择:通用模块—钱箱管理—尾箱轧账—轧账

(三)操作说明

(1)进入“钱箱轧账”界面后回车,系统显示钱箱的现金有价凭证总信息:种类、币种、上日余额、出库金额、入库金额、收入金额、付出金额、余额。

(2)本交易每日可多次进行,方便操作员随时核对钱箱中现金有价凭证(图3-6)。

尾箱轧帐

轧帐

凭证	凭证名称	上日余额	出库金额	入库金额	贷方发生额	借方发生额	余额
CASH	现金	85,000.00	0.00	0.00	0.00	0.00	85,000.00
NMPS	普通存折	9.00	10.00	0.00	0.00	0.00	19.00
AIOM	一本通存折	0.00	10.00	0.00	0.00	0.00	10.00
FXOX	整存整取存单	0.00	10.00	0.00	0.00	0.00	10.00
SSOX	定活两便存单	0.00	10.00	0.00	0.00	0.00	10.00
PCKZ	普通支票	0.00	25.00	0.00	0.00	0.00	25.00
CARD	一卡通	0.00	10.00	0.00	0.00	0.00	10.00
IOVC	出入库凭证	0.00	10.00	0.00	0.00	0.00	10.00
FXLX	大额双整存单	0.00	10.00	0.00	0.00	0.00	10.00
CRCD	信用卡	0.00	10.00	0.00	0.00	0.00	10.00

图3-6 尾箱轧账界面①

七、凭证综合查询

凭证综合查询是指柜员查询已领用并已出库凭证的状态。

软件中的凭证使用规则是:任何柜员都可以使用任何空闲凭证,就是说柜员使用的凭证不一定是自己领用的凭证,只要是“空闲”的凭证都可以使用。但是这种规则导致业务操作效率低下,因为查找凭证会浪费很多时间,所以,课堂中我们要求自己使用自己钱箱里的凭证。当你忘记该用哪一张凭证时,你可以使用“凭证综合查询”找到自己钱箱中处于“空闲”状态的凭证进行使用。查询方法:一般查询—凭证查询—凭证综合查询—填写凭证类型和起始凭证号—查询。此时从界面中能够清楚看出所领用的所有凭证号码、空闲凭证和已经使用的凭证(图3-7)。

八、重要空白凭证查询

柜员查询个人钱箱(也称为尾箱)重要空白凭证的使用情况及其余额。如果某种类型的凭证余额为0,则必须再次领用及出库该凭证,否则将无法进行与该凭证相关的业务操作(图3-8)。

---

① “帐”,旧同“账”。关于货币、货物出入的记载,今已用“账”。本书除图片中用“帐”外,正文均用“账”。

图 3-7 凭证综合查询界面

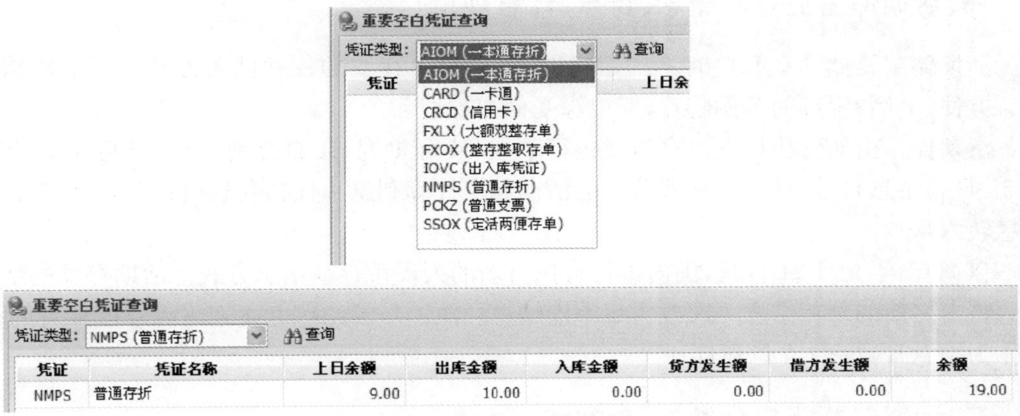

图 3-8 重要空白凭证查询界面

3.2 活期储蓄业务

[知识要点] 掌握活期业务的基本规定,掌握如何为个人储蓄客户开立客户号及活期储蓄存款账户,如何进行存取款业务操作,理解商业银行个人业务处理的业务规范和操作流程。

[操作要点]

1. 开普通客户号
2. 开一卡通客户号
3. 普通活期开户
4. 普通活期存款
5. 普通活期取款
6. 现金入库出库

7. 一卡通活期开户	14. 支票挂失
8. 一卡通活期存款	15. 取消支票挂失
9. 一卡通活期取款	16. 个人支票结清
10. 个人支票开户	17. 个人支票销户
11. 普通支票存款	18. 信用卡开户
12. 个人支票出售	19. 信用卡存现
13. 个人支票取款	20. 信用卡取现

3.2.1 活期储蓄业务基础知识

一、活期储蓄业务的概念、特点、计息规定

活期储蓄是储户在开户时不约定存期，可以自由存取的一种储蓄方式。因活期储蓄具有方便、灵活、手续简单的特点，所以深受储户欢迎。

活期储蓄由储蓄机构发给存折或银行卡，2005 年 9 月 21 日之前，每年结息一次，即 6 月 30 日为结息日，按结息日挂牌公告的活期利率计算利息和代扣利息所得税，7 月 1 日将利息转入账户。

自 2005 年 9 月 21 日起，国内银行将执行新的人民币存款结息方式。活期存款的结息方式将由之前的每年结息一次改为每季度结息一次。新的结息方式则将每季度末月的 20 日作为结息日，21 日支付利息。

二、活期储蓄账户分类

活期储蓄账户从性质上可分为结算账户和储蓄账户两种。其具体形式又包括普通活期存折户、活期一本通、个人支票户和借记卡四种形式(表 3-2)。

普通活期存折是单币种的储蓄存折，大多用于代发工资，要求必须配有借记卡，因为代发工资账户具有结算账户性质。如果储户只开立普通活期存折，就只是一个储蓄账户。

活期一本通是银行新一代操作系统上机后出现的新的业务品种。它涵盖了普通活期存折的所有功能，并增加了多种货币并存、银证通、汇入和汇出汇款等功能。

个人支票户就是最早的个人结算户。储户可以向银行购买支票，并使用支票进行取现、转账、电汇等结算业务。

借记卡是指不具备透支功能的银行卡。是储户在办理活期存折或活期一本通结算账户时关联办理的。一般来说卡和折为同一账户。

表 3-2 活期储蓄账户分类与比较

	活期存折户	活期一本通	个人支票户	借记卡
比较说明	活期存折户是指单币种普通存折户。如果只开立存折不能进行转账结算,只有同时办理借记卡才具有结算账户性质,所以活期存折户与借记卡是同一账户	活期一本通有多种货币并存、银证通、汇入和汇出汇款等功能。如可同时存人民币、美元、英镑等。如果要实现转账结算,必须办理借记卡	个人支票户是结算账户,能进行取现、转账、电汇等结算业务。与其他户相比,优势在于其存款用途与限额不受限制	借记卡与活期存折户或活期一本通是同一个账户。存折和一本通只有关联借记卡才能实现转账结算。也有银行只用一张借记卡实现储蓄和结算双重业务
起存	1元	1元	5 000元	1元
结息	活期存折户、活期一本通和借记卡每年6月30日结息一次,7月1日将利息转入账户。自2005年9月21日起,新的结息方式将按季度结息,每季度末月的20日作为结息日,21日支付利息			
业务内容	活期开户,活期续存,活期支取,活期结清等			

知识链接:个人结算账户及有关规定

(1)个人结算账户是自然人因投资、消费、结算等而开立的可办理支付结算业务的存款账户。开立个人银行结算账户后,方便了个人办理转账汇款、缴费、刷卡消费、投资等转账支付业务,个人还可以通过结算账户申请使用信用卡、支票等支付工具;可满足各种支付结算需求。

(2)2003年9月1日以前,新开立的人民币活期账户,如果未与借记卡关联,一般视为储蓄账户,不能通过电话银行、自助设备等外围系统作转账结算。

(3)2003年9月1日以后为客户开立的个人结算账户均为开立或关联借记卡(包括国际借记卡)的账户、信用卡账户和个人支票账户。

三、个人支票

(一)个人支票的定义

个人支票是个人签发的,委托办理支票存款业务的银行在见票时无条件支付确定的金额给收款人或者持票人的票据。

(二)个人支票的相关规定

个人支票上印有“现金”字样的为现金个人支票,现金个人支票只能用于支取现金;个人支票上印有“转账”字样的为转账个人支票,转账个人支票只能用于转账。

(三)开立个人支票户的条件

(1)申请人必须是年龄18周岁以上,具有完全民事行为能力的个人。

(2)申请人必须持有符合法律、行政法规以及国家有关规定的个人有效身份证件。并以上述个人有效身份证件上的姓名开立账户。

(3)申请人开立个人支票存款账户的同时应存入资金,起存金额为人民币10万元并向银行购买支票簿(银行收取工本费),每次以一本(25张)为限。

(4)经银行审查同意后,可凭本人身份证明及担保证明向银行提出申请,申请人与开户银行应签订"个人支票存款账户开户协议",预留印鉴、签字样式。

(5)挂失个人支票丢失,可以由失票人按照《支付结算办法》的规定,通知银行办理挂失止付。

四、信用卡基本知识

(一)信用卡种类

信用卡是银行卡的一种,银行卡按能否透支可分为借记卡和信用卡。

信用卡按照持卡人是否向发卡银行交存备用金分为贷记卡、准贷记卡两类。

(1)贷记卡是指在发卡时不用交存备用金,发卡银行给予持卡人一定的信用额度,持卡人可在信用额度内先消费、后还款的信用卡。

(2)准贷记卡是指持卡人须先按照发卡银行要求交存一定金额的备用金,当备用金账户余额不足以支付时,可在发卡银行规定的信用额度内透支的信用卡。

(二)信用卡的功能

信用卡的本质功能是消费信贷功能。信用卡持卡人在消费时,可以在规定的限额内进行短期的透支。准贷记卡卡内存款按照银行活期利率计付存款利息。当卡内存款不足以支付消费款项时,按照发卡银行核定的信用额度,可以允许透支。

贷记卡卡内存款不计息,持卡人可以在发卡银行核定的信用额度内进行消费透支,贷记卡透支有一定的免息期,免息期内还款的,不计收利息;免息期满未归还透支款的,发卡行将按照规定收取滞纳金和超限费,并收取透支利息,透支利息按月计收。

3.2.2 活期储蓄实务操作

知识链接:银行的VIP服务

银行VIP客户是银行的中高端客户。根据"二八法则",即20%的高端客户为银行带来了80%的利益。所以,各家银行没有理由不优待它们的VIP客户。

各家银行给予VIP客户的特殊优惠待遇,可谓项目众多,令人向往。首先,VIP客户均可享有优先服务权;其次,各家银行对VIP客户都实行贷款利率优惠政策,优惠程度极为可观。例如,建设银行上海市分行的VIP客户将享受个人贷款(不包括房贷)的利率下浮5%~10%的优惠;另外,在信用卡风行的今天,银行会对VIP客户提高信用额度,在同等条件下,VIP客户的借款金额会高于一般客户,VIP客户的贷记卡信用额度也会高于一般客户;而且,银行对VIP客户还可减免或是少收一些费用,比如VIP客户的银行卡可免收年费,VIP客户汇款可少收手续费,甚至免费;在购物消费上,VIP客户更是优惠多多,目前,银行将一些商场、宾馆、酒店、娱乐场所发展成为特惠商户,VIP客户在这些特惠商户中购物消费,都可享受一定的折扣,有时折扣可低到4.5折;有的银行甚至还联合一些证券公司,对VIP客户进行佣金折扣。

一、开普通客户号

(一)什么是客户号

所谓客户号就是客户在银行的一个身份证明,它是识别客户的唯一标识。如果客户到银行开户,首先要开客户号,拥有客户号才能开立账号。客户号由系统自动生成,并记录下来,一个客户身份证号码对应一个普通客户号及一个一卡通客户号,通过客户号可以查询该客户在本行发生的所有业务,极大地方便了银行对客户的全面管理。

(二)客户管理规定

(1)为个人开立个人客户号,一般在个人客户首次申请银行卡/折时使用。也可以仅仅开立个人客户号,供客户经理等管理客户使用。

(2)客户信息系统是为在银行开立账户、办理种类业务或作为银行发展目标的客户建立的档案数据库。它通过完整、详细地记录客户信息,为银行经营活动的核算和管理提供科学合理的决策依据。客户信息系统的信息可由各个业务部门共享。

(3)系统根据证件类型和证件号码两个要素来判断客户是否已在银行开立客户号,如两要素完全相同则不得新开客户号。

(4)客户号编码规则是:客户号由10位数字组成;第1位分段区分储蓄账号、企业账号和内部账号,数字0～4表示储蓄账号,5～8表示对公账号,9表示内部账号;第2～5位为部门号;第6～9位为顺序号;第10位为校验号。

(三)系统界面的进入

进入开普通客户界面:个人储蓄—客户管理—开普通客户

(四)操作说明

(1)输入客户号、客户姓名、客户称谓、ID类别、ID号、ID号重复、邮编、地址、家庭电话等。

(2)电话(家)、电话(办公)、传真(FAX)。

(3)检查无误后选择“执行”按钮,在系统提示下操作。

(4)开客户后直接开账户时,新开户画面上客户号系统会自动产生。

(5)注意事项:客户姓名不能为空。客户号由客户自己选择,临柜人员输入。

（五）界面操作

（1）证件类别：一般用身份证（也可以选择其他证件）。注意：一个身份证号只能在本支行开立一个普通客户号及一个一卡通客户号。

（2）证件号码：身份证号码（或其他证件号码）。

（3）重复证件号码：再输入一遍身份证号码。

（4）客户称谓：先生或女士。

（5）客户名称：客户的真实姓名。

（6）邮编地址电话：便于和客户联系需要留下联系方式（图3-9）。

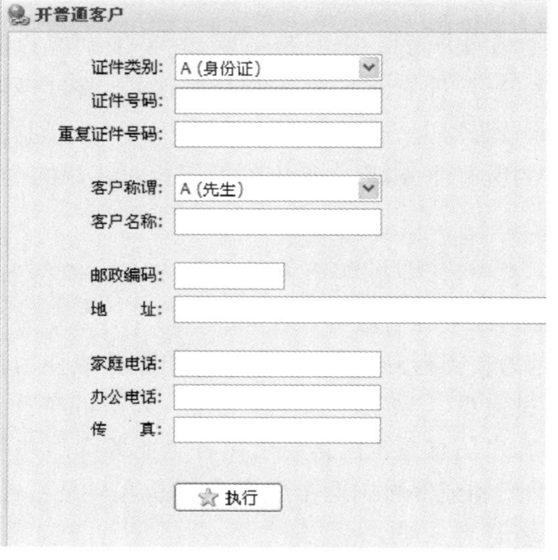

图3-9 开普通客户界面

二、开一卡通客户号

（一）普通客户号与一卡通客户号的区别

普通客户号和一卡通客户号的主要区别在于：普通客户号针对的是存折，而一卡通客户号针对的是储蓄卡。如果客户要开立存折账户，也就是普通账户，那么要用普通客户号，如果客户开立的是银行卡（储蓄卡），就要用一卡通客户号。

（二）系统界面的进入

进入开普通客户界面：个人储蓄—客户管理—开一卡通客户

（三）操作说明

（1）“凭证类型”选择“一卡通”。

（2）输入凭证号码、重复凭证号码、客户姓名、客户称谓、证件类别、证件号码、重复证件号码、邮编、地址、家庭电话、办公电话、传真、通存通兑。

（3）客户称谓、客户姓名、交易密码、查询密码必须输入，邮编、地址、电话、传真尽量输全。

(4)注意事项:客户姓名不能为空。客户没有提供有效证件时,则证件类别选择 Z(无证件)。

(四)界面操作

(1)证件类别:一般用身份证。

(2)证件号码:身份证号码。

(3)重复证件号码:再输入一遍身份证号码。

(4)客户称谓:先生或女士。

(5)客户名称:客户的真实姓名。

(6)凭证类型:一卡通(注意:此项是一卡通、一本通及普通客户的最本质区别,不能出错)。

(7)存折号码:是指一卡通的凭证号码。此处最好用所领用凭证的第一张号码。

(8)重复存折号码:再输入一遍凭证号。

(9)交易密码和查询密码:交易密码是办理业务时使用的密码,而交易密码通常在查询业务或电话银行及网上银行中使用,为了我们课堂使用方便,我们可以用同一个密码。

(10)邮编地址电话:便于和客户联系需要留下联系方式。

(11)注意:业务完成后需打印相关开户凭证,留底存档,以备查询。目前,银行全部采用通存通兑方式(图 3-10)。

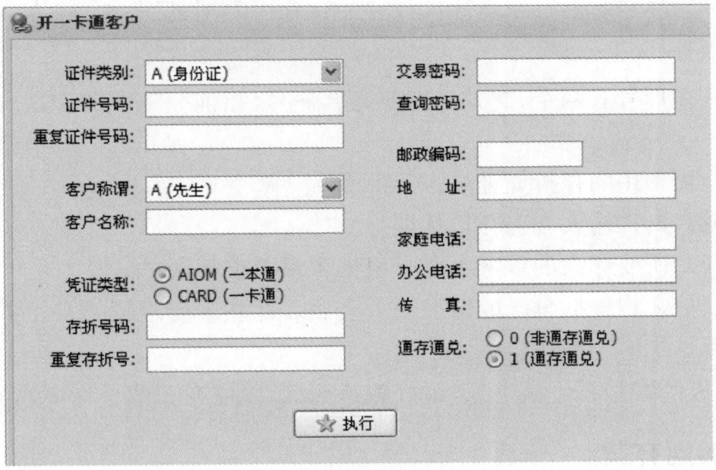

图 3-10　开一卡通客户界面

三、普通活期开户

客户号在很大程度上是识别一个人身份的标志,因为银行客户号只有一个,即使姓名相同的客户,有了不同的客户号也能识别,以免出错。但有了客户号必须还要有账号才能进行存取款业务,所以我们还需要开普通账号和一卡通账号,普通账号与一卡通账号的区别在于凭证的区别,普通账号用的是存折,而一卡通账号用的是卡。注意:开户时必须用身份证。

(一)业务流程

(1)在业务系统选择储蓄账户开户交易进行操作。

(2)注意审查身份证件、资料和点收现金。

(3)提示客户预留密码,不留密码不能通兑,个人结算账户必须留密码。

(4)按系统提示打印存折与存款凭条,并将凭条交给客户签字确认。

(5)存折由授权人加盖业务公章、柜员加盖名章后连同身份证件一并交给客户。

(6)将留存银行的存款凭条盖业务章和名章并保存,登记开销户登记簿。

(二)系统界面的进入

进入普通活期(开账户)界面:个人储蓄—活期储蓄—普通活期开户

(三)操作说明

(1)输入网点号、客户号、存折号、(存折号)重复、货币、交易码、金额、印鉴类别、密码、存折打印、附件数、通存通兑。

(2)检查无误后选择"执行"(R)按钮,在系统提示下操作。

(3)注意事项:客户没有提供有效证件、印鉴和密码时,印鉴类别选择 C(无限制)。若印鉴类别选择 C(无限制)或 D(印鉴),则密码无须输入。当客户号、存折号、(存折号)重复、货币、交易码输入完毕后,光标移到下一个输入框时,系统自动在窗口的上半部分显示出该客户的详细信息,包括客户号、凭证号、户名、客户类别、存取方式、状态。

(四)界面操作

(1)客户号:客户号有两个,此处是指普通客户号(指前一笔业务中所开立生成的普通客户号)。

(2)存折号:指领用的存折凭证号。

(3)重复存折号:再输入一遍存折凭证号。

(4)金额:开户所要存入的款项额度。根据客户要求存入。

(5)交易密码:客户根据自己的情况输入密码。课堂上要求输入自己熟悉易记的密码(图 3-11)。

注意:所生成的账号要记录下来,最好熟练记忆,以便在其他交易中熟练使用。

四、普通活期存款

(一)业务流程

(1)点收现金。

(2)选择"普通活期存款"交易进行操作。

(3)打印存款凭条并交给客户签字确认。

(4)打印存折、加盖名章连同凭条客户联一并交给客户。

(5)将留存银行的存款凭条加盖业务章和名章并保存。

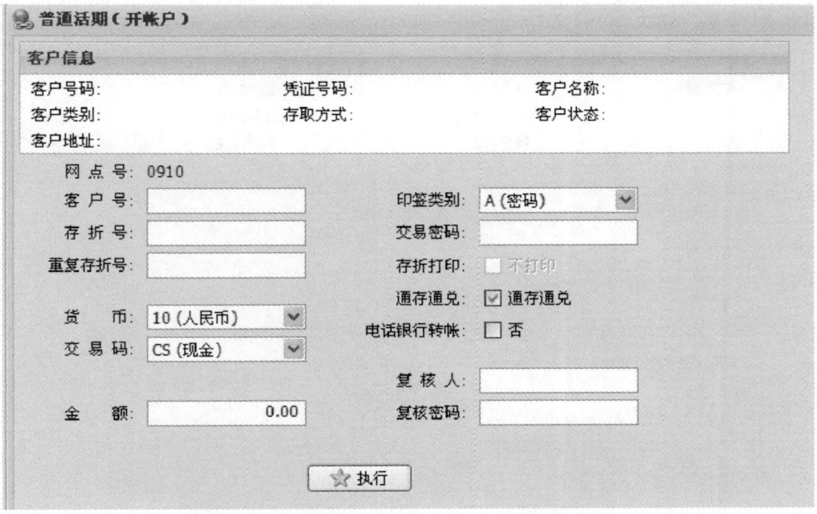

图 3-11 普通活期(开账户)界面

(二)系统界面的进入

进入普通活期(存款)界面:个人储蓄—活期储蓄—普通活期存款

(三)操作说明

(1)输入账号、存折号、金额。

(2)检查无误后选择"执行"(R)按钮,在系统提示下操作。

(3)注意事项:当账号、存折号、货币和交易码输入完毕后,光标移到下一个输入框时,系统自动在窗口的上半部分显示出该客户的详细信息,包括账号、凭证号、户名、业务品种、货币、余额、存取方式(无折存款时不显示)、账户状态、通存通兑。

(四)界面操作

(1)账号:填写上一笔业务中所形成的账号。

(2)存折号:指开户时所用的存折凭证号。

(3)金额:要求存取的额度。

(4)复核人和复核密码是在达到一定额度时(系统默认为 50 000 元)必须由授权人复核(图 3-12)。

五、普通活期取款

(一)业务流程

(1)审核存折,进行系统操作。

(2)通过刷存折,系统可以自动读取账号,客户要根据提示输入密码。

(3)打印取款凭条交给客户签字确认后再交给柜员。

(4)柜员核对取款凭条上的客户签名,然后配款。

(5)打印存折,连同现金和客户联取款凭条一并交给客户。

图 3-12　普通活期(存款)界面

(6)将留存银行联的取款凭条加盖业务章和名章并保存。

注意:取款超过 50 000 元(不包括 50 000 元)要提前通知。

(二)系统界面的进入

进入普通活期(取款)界面: 个人储蓄 — 活期储蓄 — 普通活期取款

(三)操作说明

(1)输入账号、存折号、金额、交易密码等信息。

(2)检查无误后选择"执行"(R)按钮,在系统提示下操作。

(3)注意事项:当账号、存折号、货币和交易码输入完毕后,光标移到下一个输入框时,系统自动在窗口的上半部分显示出该客户的详细信息,包括账号、凭证号、户名、业务品种、存取方式、账户状态、通存通兑。

(四)界面操作

(1)账号:填写上一笔业务中所形成的账号。

(2)存折号:指开户时所用的存折凭证号。

(3)金额:要存取款项的额度。

(4)证件类别:身份证。

(5)证件号码:身份证号码(注意,一定与开户时所输入的身份证号码相吻合)(图 3-13)。

六、现金出库

(一)业务流程

1. 选择"现金出库"交易进行操作

柜员匡算当天现金需要量(20 万~50 万元,不能超过各行规定的最高限额),选择"现金出库"交易进行操作并打印一式两联的"现金出库单"。

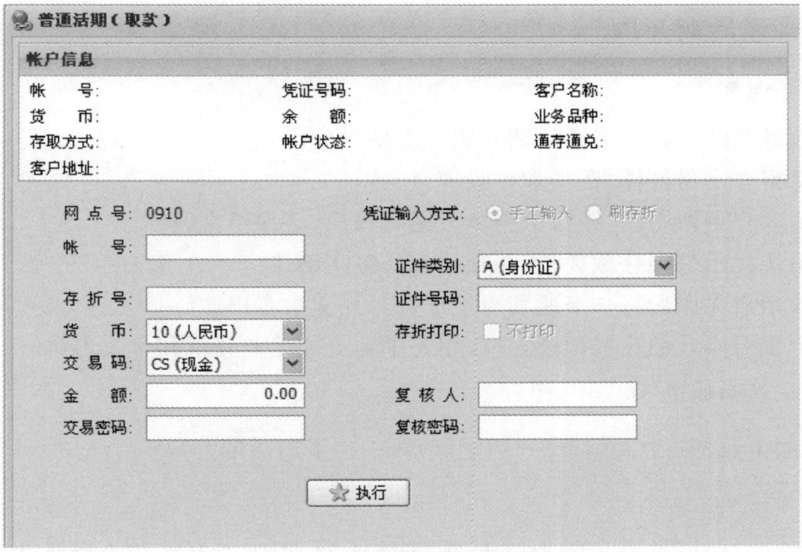

图 3-13 普通活期(取款)界面

2. 主管库员配款,副管库员复核

管库员收到出库单后,按以下顺序配款:先大数,后小数;先主币,后辅币。配款时要考虑适合主辅币流通比例需要。只有一个管库员的网点要自行复核。

3. 柜员当面点清大数

柜员除了点清大数外,还要领出尾箱。尾箱是指现金箱中万元以下流通币的零头。尾箱每日营业结束经双人上锁封箱上缴给管库员,第二日营业前向管库员领出尾箱,上缴、领出尾箱的凭据是“出入库对号牌”,双方交接时要登记《柜员箱包交接登记簿》。

(二)系统界面的进入

在主界面下选择:通用模块—钱箱管理—现金出库

(三)操作说明

录入要素为“货币”“金额”,均为必输项。

(四)界面操作

(1)出入库凭证号:按柜员分发的出入库凭证顺序号使用。

(2)货币:人民币。

(3)金额:当天现金需要量。实训中象征性地出入库,按指定数额即可。开了客户号和账户号,并且存入了现金的前提下,先入库,再出库。(因为支行没有现金)注意入库和出库数额相同即可(图3-14)。

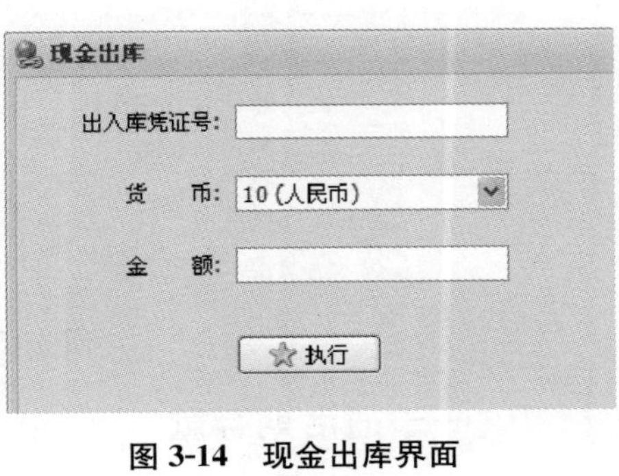

图 3-14 现金出库界面

七、一卡通活期开户

（一）业务流程

（1）在业务系统选择一卡通活期开账户交易界面。

（2）注意审查身份证件、资料和点收现金。

（3）提示客户预留密码，银行卡为个人结算账户，必须留密码。

（4）按系统提示打印存款凭条，并交给客户签字确认。

（5）审核亲自无误后将一卡通和身份证件一并交给客户。

（6）登记银行卡开销户登记簿，并在相关单证上加盖业务章和个人名章。

（二）系统界面的进入

在主界面下选择：个人储蓄—活期储蓄—一卡通活期开户

（三）操作说明

录入要素中，凭证类型一定为一卡通，不能输错，否则所开账户会默认为一本通。而客户号一定是一卡通客户号，不能与普通客户号混淆，凭证号码是与开一卡通客户号时同一张卡。

（四）界面操作

（1）凭证类型：一卡通。

（2）客户号：一卡通客户号。

（3）凭证类型：一卡通凭证。

（4）金额：50 000 元以内含 50 000 元（模拟系统限制额）（图 3-15）。

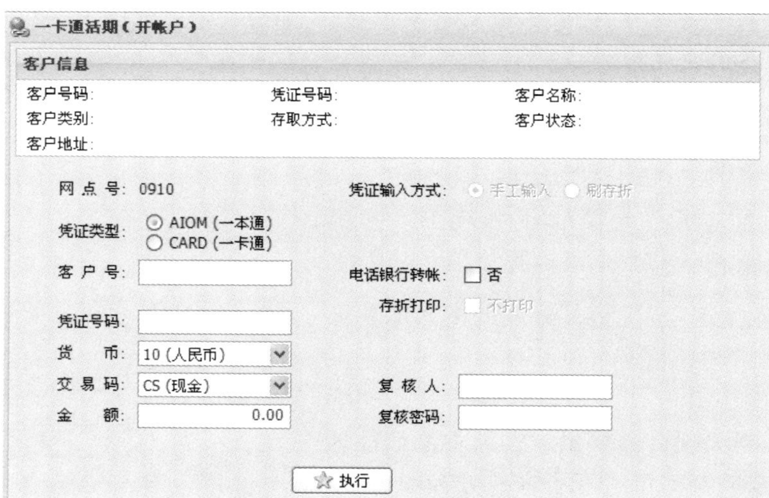

图 3-15　一卡通（开账户）界面

八、一卡通活期存款

（一）业务流程

（1）审核一卡通和点收现金。

(2)选择“一卡通活期存款”交易界面进行操作，刷卡自动进入。

(3)打印存款凭条并交给客户签字确认。

(4)签字无误后将一卡通和客户联存款凭条一并交给客户。

(5)将留存银行的存款凭条盖章并保存。

(二)系统界面的进入

在主界面下选择：个人储蓄—活期储蓄—一卡通活期存款

(三)操作说明

(1)凭证类型、客户号、凭证号码、子户号、交易金额为必填项，注意凭证类型为一卡通不可填错。

(2)客户号为一卡通客户号，不可与普通客户号混淆。

(3)子户号是指一卡通账号的后5位数字。(账户号=10位客户号+5位子户号)

(4)本次操作中只要将凭证类型、客户号、子户号填上，凭证号码会自动出现在上方的账户信息中，顺便抄写上即可。

(四)界面操作

(1)凭证类型：一卡通。

(2)客户号：一卡通客户号。

(3)凭证号：一卡通账户开户时所使用的凭证号码。

(4)子户号：账户号的后5位数字。

(5)货币：人民币。

(6)交易码：现金。

(7)金额：要求存款的额度。

(8)注意事项：复核人和复核密码在达到一定额度时必须由授权人复核(图3-16)。

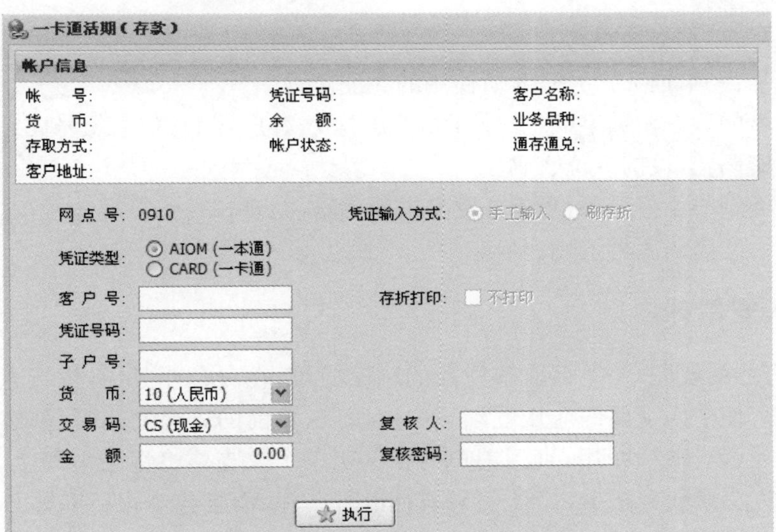

图3-16 一卡通活期(存款)界面

九、一卡通活期取款

(一)业务流程

(1)审核银行卡，进入“一卡通活期取款”系统操作。

(2)通过刷卡，系统可以自动读取账号，客户要根据提示输入密码。

(3)打印取款凭条交给客户签字确认。

(4)核对取款凭条上的客户签名，配款。

(5)将一卡通、客户联取款凭条和现金一并交给客户。

(6)将留存银行的取款凭条加盖业务章和名章并保存。

注意：取款超过 50 000 元(不包括 50 000 元)要提前通知。

(二)系统界面的进入

在主界面下选择：个人储蓄—活期储蓄—一卡通活期取款

(三)操作说明

(1)凭证类型、客户号、凭证号码、子户号、交易金额为必填项，注意凭证类型为一卡通不可填错。

(2)客户号为一卡通客户号，不可与普通客户号混淆。

(3)子户号是指一卡通账号的后 5 位数字。(账户号=10 位客户号+5 位子户号)

(4)本次操作中只要将凭证类型、客户号、子户号填上，凭证号码会自动出现在上方的账户信息中，顺便抄写上即可。

(5)注意事项：取款规定额度需要复核人授权。

(四)界面操作

(1)凭证类型：一卡通。

(2)客户号：一卡通客户号。

(3)凭证号：一卡通账户开户时所使用的凭证号码。

(4)账户号的后 5 位数字(账户号由两部分组成：客户号+5 位后缀号码)。

(5)交易密码：自设的 6 位密码。

(6)证件类别与证件号码：身份证及身份证号码(图 3-17)。

注意：货币交易码不再赘述。

十、个人支票开户

随着银行业的发展，各类存取款凭证的广泛应用，在对私业务中，银行卡彰显了其便利高效的优势，使个人支票的应用逐渐减少。所以，目前的支票使用是：新客户不再开立个人支票户，老客户继续使用，直到销户为止。所以个人支票将逐渐被淘汰。目前，在对私业务中，个人支票业务很少，只在几家国有银行办理，而且各个银行在账户额度上要求不一。所以在此业务中，不再赘述业务流程。

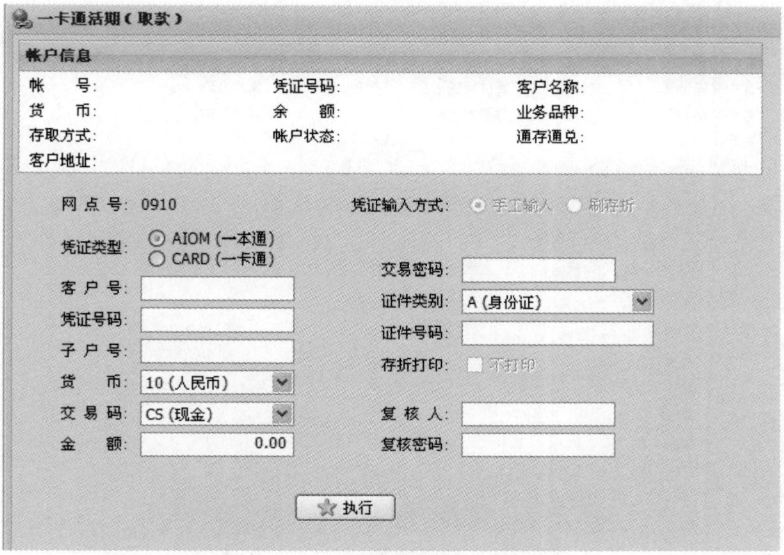

图 3-17 一卡通活期(取款)界面

(一)个人支票开户过程中应注意的问题

(1)申请人符合开户规定,经银行同意后,可凭本人身份证明及担保证明向银行提出申请,申请人与开户银行应签订"个人支票存款账户开户协议",预留印鉴、签字样式。

(2)申请人开立个人支票存款账户的同时应存入资金,起存金额为人民币 10 万元。

(3)向银行购买支票簿(银行收取工本费),每次以一本(25 张)为限。

(4)本实训系统支票凭证号是 10 位数,(其他凭证是 8 位数)。

(5)支票取款前一定要出售给支票户,否则无法取款,出售时以 25 张为一个单位。

(二)系统界面的进入

在主界面下选择:个人储蓄—普通支票—普通支票开账户

(三)操作说明

客户号应为普通客户号,实际工作中,起存金额应为 10 万元,但本系统大额开户无法实现,开户 5 000 元,然后普通支票存款时存 10 万元即可。印鉴类别中有密码、密码与证件、印鉴、无限制、证件。实际工作中可任意选择,实训中一般选择密码比较方便。

(四)界面操作

(1)客户号:可任选普通客户号和一卡通客户号。

(2)金额一般要大于 2 000 元。

(3)印鉴类别:可选择密码或印鉴(实训中要求选择密码,实际工作中可选择印鉴)。

(4)交易密码要求准确填写(图 3-18)。

图 3-18 普通支票(开账户)界面

十一、普通支票存款

普通支票存款是向客户开的支票户存入款项,以方便支取与使用。

(一)系统界面的进入

在主界面下选择:个人储蓄—普通支票—普通支票存款

(二)操作说明

账号输入后,上方的账号、货币、存取方式、客户名称、地址等账户信息就自动显示。货币、交易码、金额为必输项。

(三)界面操作

(1)账号:开支票户时形成的账户号,切记只能用支票账户。

(2)货币:人民币。

(3)交易码:现金或转账。

(4)金额:额度内取款(图 3-19)。

十二、个人支票出售

个人支票出售用于实现对现金支票和转账支票的出售。

(一)系统界面的进入

在主界面下选择:通用模块—支票管理—支票出售

(二)操作说明

(1)录入要素为“账号”“证件类别”“客户姓名”“证件号码”“凭证类型”“开始号码”“结束号码”。

(2)“账号”必须是本网点储蓄账户,为必输项。

图 3-19 普通支票(存款)界面

(3)“凭证类型”包括现金支票、转账支票。

(4)“开始号码”和“结束号码”必须录入完整的 10 位号码。

(5)支票出售以本为单位,25 张为一本,至少可以出售 25 张支票,或 5 的倍数。

(6)“证件类别”为冻结执行人的证件,包括 A 身份证、B 护照、C 军人证、D 户口簿、E 监护人证件、F 营业执照、Z 无证件。如果选择了“证件类别”,则必须录入对应“证件号码”。

(三)界面操作

(1)账号:必须是支票户账号。

(2)客户姓名:自动出现。

(3)证件类别:身份证。

(4)证件号码:开立客户号时所使用的身份证号码。

(5)开始号码、结束号码必须为同一本支票,具体张数不限,但最好不要超过一本(25 张)。出售的号码要求记住,以便后面使用。

注意:支票号码 10 位数(图 3-20)。

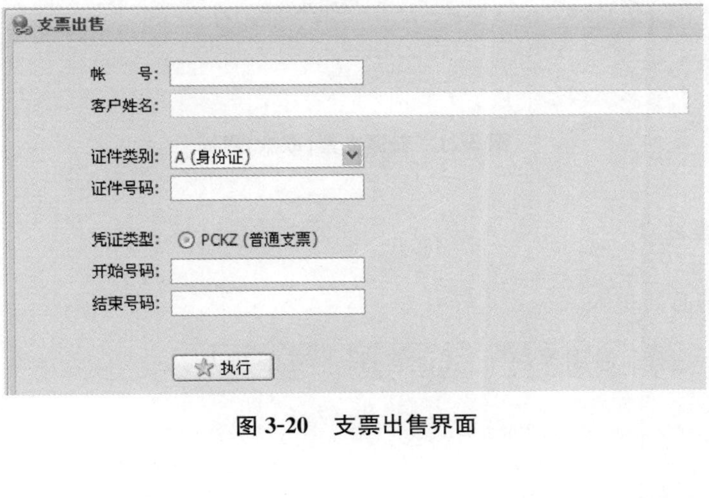

图 3-20 支票出售界面

十三、个人支票取款

个人支票取款是指用签发的现金支票或转账支票支付货款或欠款。现金支票只能支取现金,转账支票只能用来转账。

(一)系统界面的进入

在主界面下选择:通用模块—支票管理—支票出售

(二)操作说明

实际工作中,如果当事人都在同一银行开户,支票不必通过票据交换,如果当事人不在同一银行开户,则必须要通过票据交换才能实现。输入支票账号,上方信息会自动显示,凭证号码不用刻意记忆,也会在信息中自动显示。证件类别和开户时的选择是一致的,相应的证件号码为必选项。

(三)界面操作

(1)账号:必须为出售支票的账户。

(2)支票号码:必须是已出售给客户的支票号码。

(3)金额:取款后的余额不能低于 2 000 元。

(4)证件号码:要求准确填写(图 3-21)。

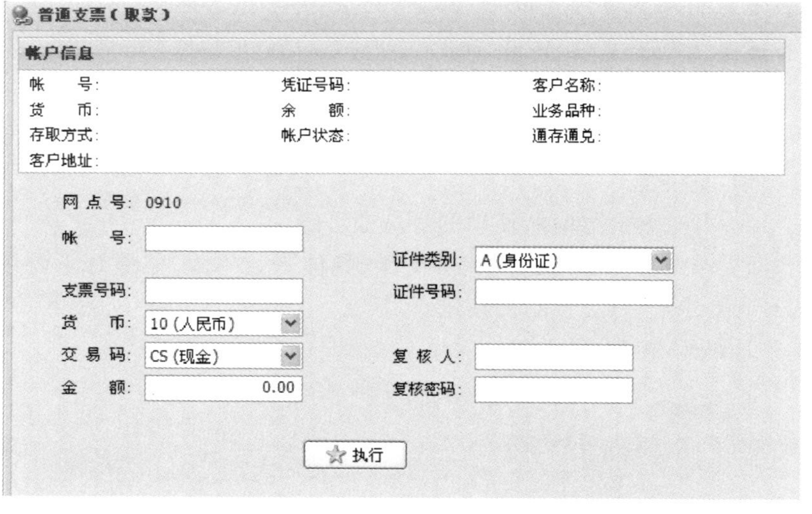

图 3-21 普通支票(取款)界面

十四、支票挂失

(一)系统界面的进入

在主界面下选择:通用模块—凭证管理—支票挂失

(二)操作说明

(1)录入要素为"账号""凭证类别""挂失种类""开始号码""结束号码"。
(2)"账号"必须是本部门对公账户,录入后回车,系统将检索输出对应的账户名称。
(3)"凭证类别"同凭证出售。
(4)"开始号码""结束号码"必须录入完整的10位号码。

(三)界面操作

(1)账号:必须选择支票户。
(2)证件号码:要求准确填写。
(3)支票开始号码、结束号码必须是客户未使用的支票号码(图3-22)。

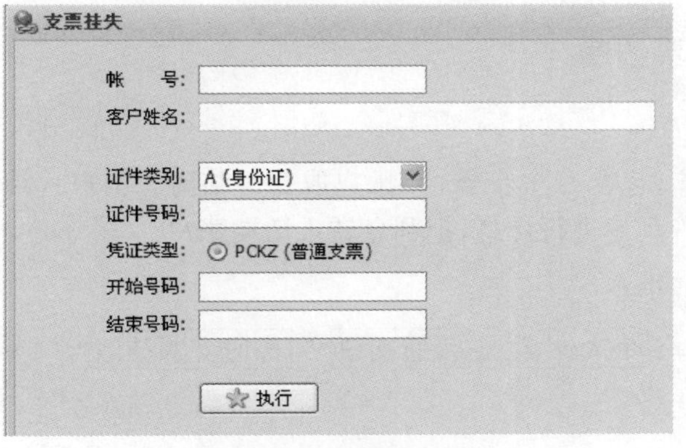

图3-22 支票挂失界面

十五、取消支票挂失(支票解挂)

(一)系统界面的进入

在主界面下选择:通用模块—凭证管理—取消支票挂失

(二)操作说明

(1)录入要素为"账号""凭证类别""挂失种类""开始号码""结束号码"。
(2)"账号"必须是本部门支票账户,录入后回车,系统将检索输出对应的账户名称。
(3)"凭证类别"同凭证出售。
(4)"开始号码""结束号码"必须录入完整的10位号码。

(三)界面操作

(1)账号:已经挂失的支票账号。
(2)客户姓名:填入账号时姓名自动出现。
(3)证件类别:身份证。
(4)证件号码:要求准确填写。
(5)开始号码、结束号码必须是已经挂失的支票号码(图3-23)。

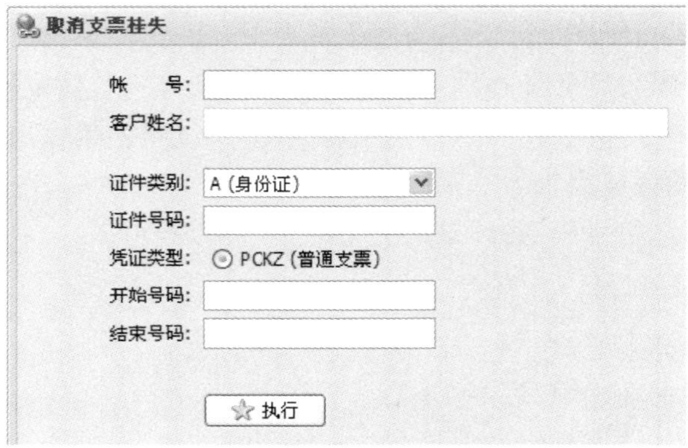

图 3-23 取消支票挂失界面

十六、个人支票结清

(一)相关规定

普通支票的销户,包含三个步骤,即账户取款—结清—销户。结清时,系统自动按当天该存款种类的挂牌利率进行计息,把利息转入活期账户。

(二)系统界面的进入

在主界面下选择:个人储蓄—普通支票—普通支票结清

(三)操作说明

(1)录入“账号”后,可以查看该户信息,核对相符后执行。

(2)账户结清后当日必须进行销户,否则平账时无法通过。

(四)界面操作

(1)账号:只需输入支票账号即可。

(2)货币:人民币。

(3)摘要:个人支票结清(图 3-24)。

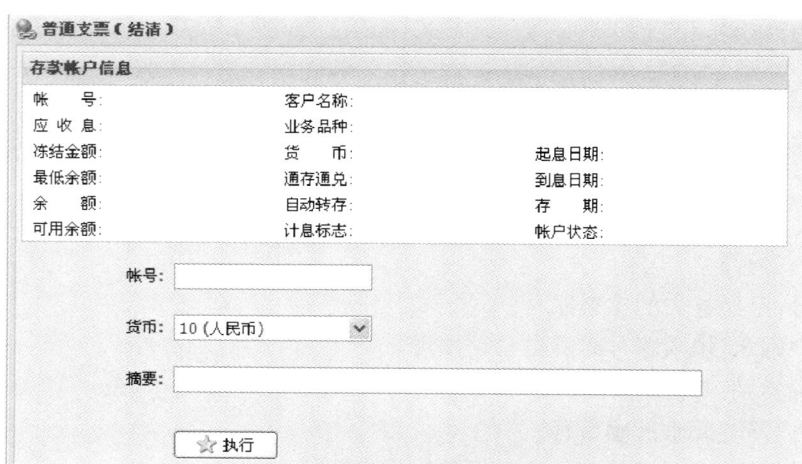

图 3-24 普通支票(结清)界面

十七、个人支票销户

(一)相关规定

个人支票的销户必须在结清的基础上进行。

(二)系统界面的进入

在主界面下选择:个人储蓄—普通支票—普通支票销户

(三)操作说明

账号、结算金额、交易密码证件类别和号码为必输项,注意当账号输入后,金额的信息会在上方账户信息中显示,需要填入全部金额方可销户。

(四)界面操作

(1)账号:个人支票账号。

(2)结算金额:支票账户所剩余的全部金额。

(3)交易密码、证件号码要求准确填写(图 3-25)。

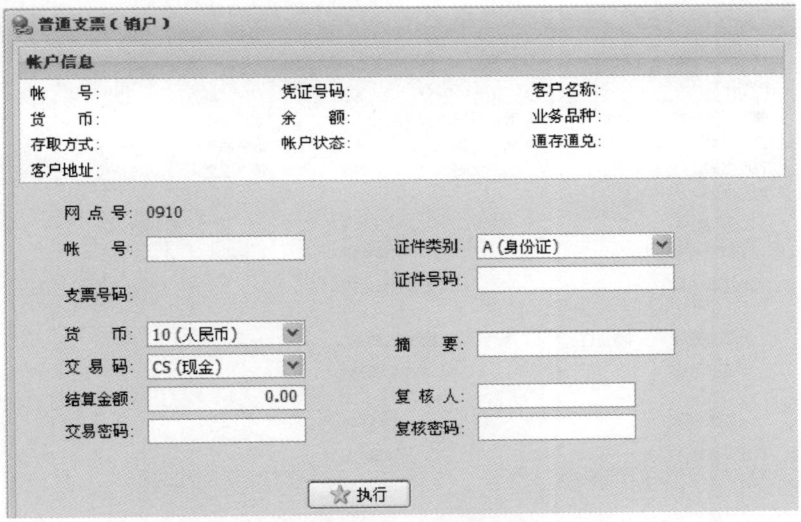

图 3-25 普通支票(销户)界面

十八、信用卡开户

(一)信用卡的办理过程

信用卡实务操作过程是这样的:各大商业银行都有一个部门叫信用卡中心,而各大商业银行的信用卡中心的主要任务是为办理信用卡的客户收集好材料,主要包括信用卡申请表、工作证明、个人收入证明、身份证、社保卡等材料。信用卡中心工作人员将客户的申请表及各类总材料原件及复印件收齐并上交总行信用卡部,由总行统一将客户的资料输入系统,由系统自行评定客户信誉,形成信用额度并自动生成账户。

信用卡账户是相当于一个虚拟贷款账户，由客户在信用额度内透支使用，并在有效期限内及时还款的账户。所以，在信用卡业务中，我们了解了信用卡开户、使用和还款的整个过程，每个界面不再一一赘述，要求掌握界面的操作即可。

（二）系统界面的进入

在主界面下选择：个人储蓄—信用卡业务—信用卡开户

（三）操作说明

信用卡号是本人分配领用的 10 张信用卡中的一张，关联还款账号是为了方便还款，可以在还款日由银行从中扣除信用卡还款金额的一个账户，一般为借记卡户，证件号码、交易密码及取现密码为必填项，其他尽量填全。

（四）界面操作

（1）信用卡号：填写 16 位的信用卡号。

（2）关联还款账号：填写活期存款账户，要保证账户中有足够的金额。

（3）证件号码、交易密码、取现密码要准确填写。

（4）其他项目尽量填写（图 3-26）。

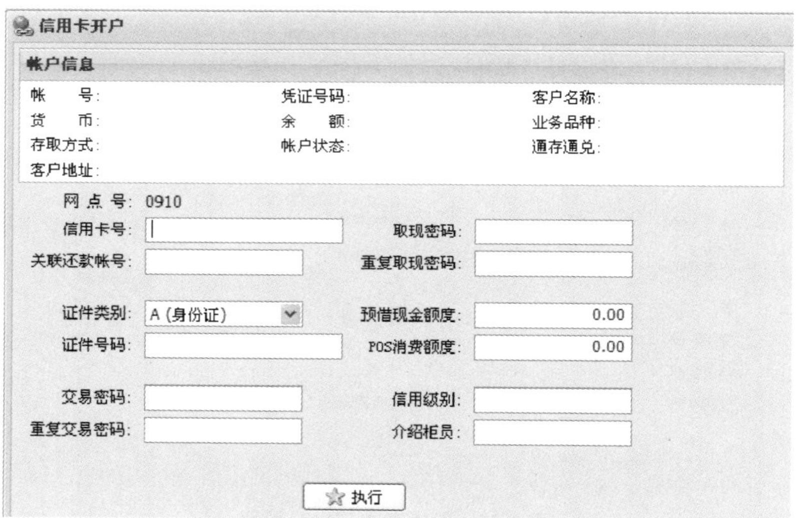

图 3-26　信用卡开户界面

十九、信用卡存现

（一）相关规定

信用卡存现可以现金直接存入信用卡，也可以转账存入，也可以与银行签订协议，有银行通过关联还款账户代理转账。

（二）系统界面的进入

在主界面下选择：个人储蓄—信用卡业务—信用卡存现

(三)操作说明

需要填写信用卡号、缴款金额、摘要,存现时,缴款账号不必填写。

(四)界面操作

(1)信用卡号:信用卡开户时所使用的卡号。

(2)缴款金额:学生任意填写。

(3)缴款账号:不必填(图 3-27)。

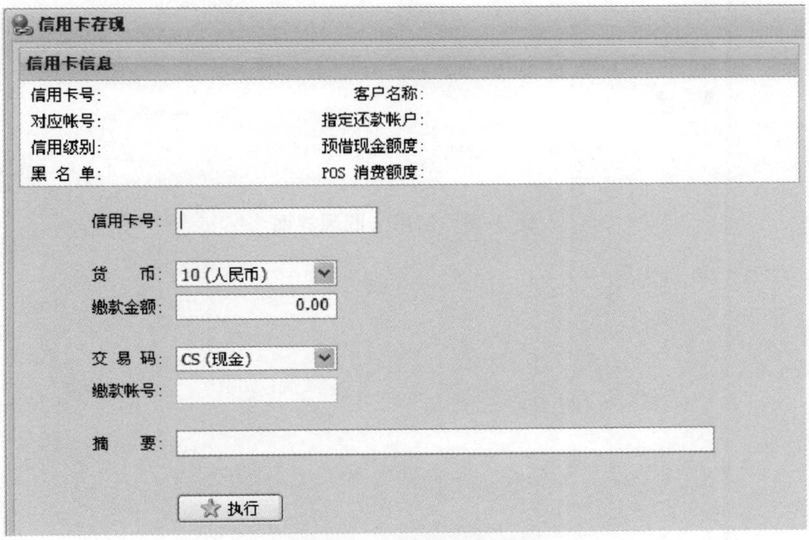

图 3-27 信用卡存现界面

二十、信用卡取现

(一)相关规定

信用卡与借记卡不同,它可用来刷卡透支,一般不用于取现。刷卡透支只要在额度内而且能够及时还款,不会产生任何费用。如果提取现金,其手续费很高,相当于贷款利息。

(二)系统界面的进入

在主界面下选择:个人储蓄—信用卡业务—信用卡取现

(三)操作说明

填写信用卡号、交易金额、取款密码、摘要等信息。

(四)界面操作

(1)信用卡号:信用卡开户时所使用的卡号。

(2)交易金额:学生自己确定,但不能超过透支额度。

(3)取款密码:必须准确填写(图 3-28)。

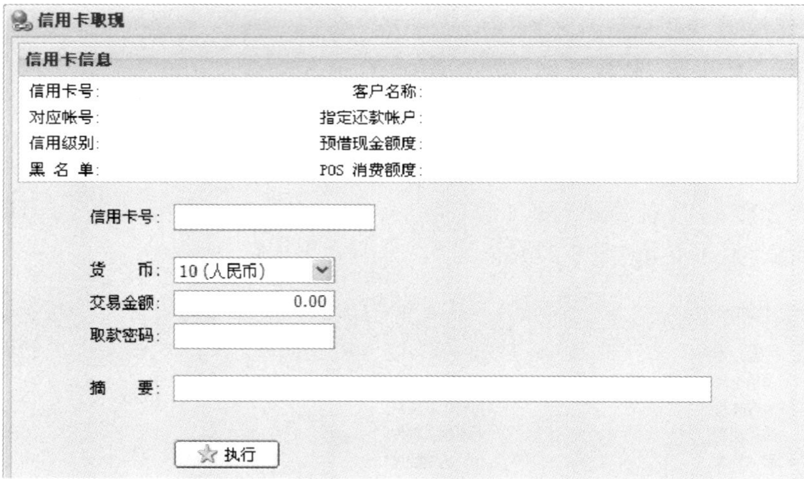

图 3-28 信用卡取现界面

模块 4　定期储蓄业务

[知识要点] 掌握定期储蓄的基本知识、业务流程和各类定期储蓄的开户、存取、销户等业务操作方法。

[操作要点]

1. 普通整存整取开户
2. 普通双整提前支取
3. 一卡通整存整取开户
4. 一卡通双整提前支取
5. 普通定活两便开户
6. 普通定活两便销户
7. 一卡通定活两便开户
8. 一卡通定活两便销户
9. 普通零存整取开户
10. 普通零存整取存款
11. 普通零存整取销户
12. 一卡通零存整取开户
13. 一卡通零存整取存款
14. 一卡通零存整取销户
15. 存本取息开户
16. 存本取息销户
17. 普通通知存款
18. 普通通知存款部分支取
19. 普通通知销户
20. 一卡通通知存款开户
21. 一卡通通知存款提前支取
22. 一卡通通知存款销户
23. 普通教育储蓄开户
24. 普通教育储蓄存款
25. 普通教育储蓄销户
26. 一卡通教育储蓄开账户
27. 一卡通教育储蓄存款
28. 一卡通教育储蓄销户

4.1　定期储蓄基本知识

定期储蓄业务是储户在存款时约定期限，到期支取本息的一种储蓄存款业务。定期储蓄存款在储蓄存款业务中占有重要地位，是银行信贷资金的重要来源之一。其特点是金额较大、存期较长、利率较高。主要适用于人们生活节余和待用资金，具有相对的稳定性。

定期储蓄存款按存取的方式不同可分为整存整取、零存整取、存本取息、定活两便、个人通知存款和教育储蓄六种存款形式。

一、整存整取定期储蓄存款

(一)整存整取定期储蓄存款的含义

整存整取定期储蓄存款是指储户一次存入本金，约定存款期限，由银行发给存单，到期凭存单一次支取本息的储蓄存款。整存整取是定期储蓄存款中的主要形式，大部分储户习惯选用此种形式进行定期储蓄。

整存整取到期后，续存有两种形式：自动转存和约定转存。自动转存：到期后由银行自动将本金和税后利息按到期日利率转存为同期限的整存整取存款(十分常见)。约定转存：银行根据客户预先约定将到期的存款和税后利息转存为客户指定的存款类型或转入指定的账户(很少见)。

(二)整存整取定期储蓄存款的特点

(1)较高的稳定收入：利率较高，利率大小与期限长短成正比。

(2)省心方便：具备整存整取存款到期后自动转存功能，客户可通过银行提供多种的转账渠道，对账户中的存款进行活期转定期或到期定期转活期的操作，还可通过约定转存功能，灵活地管理整存整取存款的本息、存期、存款形式等。

(3)资金灵活：客户在需要资金周转而在银行的整存整取存款未到期时，可以通过自助贷款将账上的整存整取存款作质押、获得个人贷款融资；可部分提前支取一次，但提前支取部分将按支取当日挂牌活期存款利率计息。

(4)起存金额低：各币种起存金额为 50 元人民币、50 港币、1 000 日元，其他币种为原币种 10 元。

(5)存期选择多：人民币存期选择为 3 个月、6 个月、1 年、2 年、3 年和 5 年，外币存期选择为 1 个月、3 个月、6 个月、1 年、2 年。

二、零存整取定期储蓄存款

(一)零存整取定期储蓄存款的含义

零存整取定期储蓄存款是一种实现约定金额，逐月按约定金额存入，到期支取本息的定期储蓄存款。

(二)零存整取定期储蓄存款的特点

(1)适用面较广，手续简便。

(2)积零成整，受益较高。

(3)起存金额低：人民币 5 元即可起存。

(4)存期选择多：包括 1 年、3 年、5 年。

(5)每月需以固定金额存入，若中途漏存，应在次月补齐。未补存者，到期支取时按实存金额和实际存期计算利息。如有急需，可以提前全部支取，但不能办理部分提前支取。

注意：客户如需逐步积累每月结余，可以选择“零存整取”存款方式。

三、存本取息定期储蓄存款

(一)存本取息定期储蓄存款的含义

存本取息定期储蓄存款是一种一次存入本金，分次支取利息，到期支取本金的定期储蓄形式，适用于在一定时间内不需动用本金，只需按期支取利息使用和到期支取本金的储户。

(二)存本取息定期储蓄存款的特点

(1)起存金额较高,存款余额稳定。起存金额为人民币 5 000 元,多存不限。

(2)存期选择多:1 年、3 年、5 年。

(3)分期付息:支取利息的期限可以 1 个月或几个月一次。不得提前支取利息,如到取息日而未取息,以后可随时取息,但不计算复息。

(4)存款在约定期限内如需提前支取,按支取日挂牌公告的活期储蓄存款利率计付利息,存期内已支取的定期储蓄利息要从本息中扣除。

(5)存本取息定期储蓄存款在定期储蓄中所占存款量不大,只有部分储户运用此形式进行储蓄和理财。

注意:客户如有款项在一定时期内不需动用,只需定期支取利息以作生活零用,可选择"存本取息"方式作为储蓄存款形式。

四、定活两便储蓄存款

(一)定活两便储蓄存款的含义

定活两便储蓄存款是一种事先不约定存期,一次性存入,一次性支取的储蓄存款。定活两便储蓄存款适用于不可预见的开支存储。当你有较大额度的结余,但在不久的将来须随时全额支取使用时,可以选择"定活两便"方式。

(二)定活两便储蓄存款的特点

(1)既有活期之便,又有定期之利,利息按实际存期长短计算,存期越长利率越高。

(2)起存金额低,人民币 50 元即可起存。

(3)支取简单,一次存入,一次支取。

(4)计息规定:存期超过整存整取最低档次且在 1 年以内的,分别按同档次整存整取利率打六折计息;存期超过 1 年(含 1 年)的,一律按 1 年期整存整取利率打六折计息;存期低于整存整取最低档次的,按活期利率计息。

五、个人通知存款

个人通知存款是指储户在存入款项时不约定存期,支取时需提前通知银行,约定支取存款的日期和金额方能支取存款的一种储蓄形式。个人通知存款是客户经常使用的一种存款形式,如兴业银行就有这样的规定:在一个理财产品到期,另一理财产品尚未购买期间,银行会将所有理财资金全部转成通知存款,避免资金存活期造成损失。

(一)个人通知存款的种类与存取起点

个人通知存款存期不限,按提前通知约定支取存款的期限长短划分为 1 天通知存款和 7 天通知存款。一次性存入,可以一次或分次支取,最低起存金额为 5 万元,最低支取金额为 5 万元。

(二)个人通知存款的业务特色

(1)资金灵活:适用于拥有大额款项,在短期内需支取该款项的客户,或需分期多次支取的客户,或短期内不确定取款日期的客户。

(2)利率高:个人通知存款利率收益较活期存款高。

(3)存期不定:与其他定期存款相比,存期不定,可随时支取。

(4)方便灵活:具有多种申办方法和服务渠道,包括电话银行、网上银行、自助查询终端、网点柜台等都可办理相关一卡通的个人通知存款或通知转账操作。

(5)智能理财,省心高效:通知到期日,系统自动将一卡通中已办理取款通知的个人通知存款转入活期主账户,既节省时间又提高资金利用率。

六、教育储蓄存款

对于那些子女正在接受义务教育的家长,需要为其子女未来的出国留学、本科或研究生学习及其他非义务教育积蓄资金,都可以选择"教育储蓄"方式作为储蓄存款形式。

(一)教育储蓄存款的含义

教育储蓄存款是一种城乡居民为其本人或其子女接受非义务教育积蓄资金的一种储蓄存款。为鼓励居民接受9年制义务教育之外的全日制学校教育(指九年义务教育之外的全日制高中、大中专、大学本科、硕士和博士研究生)而设立的存款,存款方式与零存整取相同,支取时须凭学校出具的由税务部门统一印制格式的证明,享受利率优惠和免征所得税优惠。

(二)教育储蓄存款的特点

(1)明确的户名:户名为在校小学四年级(含四年级)以上学生。

(2)免收利息税:享受教育储蓄利率优惠的条件是储户必须在支取时提供接受非义务教育的学校开具的相应证明原件。

(3)优惠的利率:1年期、3年期、6年期的利率分别按开户日1年期、3年期、5年期挂牌的整存整取定期储蓄存款利率计息。

(4)存期灵活、轻松积累:零存整取方式逐月存入。

(三)教育储蓄存款的种类及额度规定

教育储蓄属于零存整取定期储蓄存款的类别,每月一次,存额固定,存期分1年、3年和6年三种,最低起存金额为50元,本金合计最高限额20 000元,每月存入金额在开户时与银行约定。中途不得漏存,如有漏存,应于次月补齐,未补齐者视同违约,对违约后存入的部分,支取时按活期利率计息。

4.2 定期储蓄实务操作

一、普通整存整取开账户

(一)业务流程

(1)审核客户填写的整存整取开户申请表、身份证件,注意客户填写的存期。

(2)点收现金,要在监控设备和客户视线范围内清点,收取大额现金必须换人复核。

(3)进行系统操作,选择“普通整存整取开账户”进行操作。

(4)打印存款凭条与存单(折)。

(5)柜员核对存款凭条与存单(折)相符,将凭条交给客户签字。

(6)存单(折)加盖业务公章后交给客户。

(7)将留存银行的存款凭条加盖业务章和名章并保存。

注意:整存整取开户可以选择普通存单,也可选择定期一本通存折。

(二)系统界面的进入

在主界面下选择:个人储蓄—整存整取—整存整取开户

(三)操作说明

(1)输入客户号、存单号、(存单号)重复、货币、交易码、金额、存期代码、凭证种类、印鉴类别、密码、通存通兑、自动转存。

(2)检查无误后选择“执行”(R)按钮,在系统提示下操作。

(3)注意事项:印鉴类别选择A(密码)或B(密码与证件)时,密码不能为空(由客户输入)。当客户号、存单号、货币和交易码输入完毕后,光标移到下一个输入框时,系统自动在窗口的上半部分显示出该客户的详细信息,包括客户号、凭证号、户名、客户类别、存取方式、账户状态。

(四)界面操作

(1)客户号:普通客户号。

(2)存单号:所使用的整存整取定期存单号码。

(3)重复存单号:再输入一遍整存整取定期存单号码。

(4)金额:50元起存,不超过50 000元。

(5)存期:存期有3个月、半年、1年、3年、5年五种,自己选择使用。

(6)凭证类型:一般选择整存整取存单。如果超过50 000元,应选择大额双整存单(图4-1)。

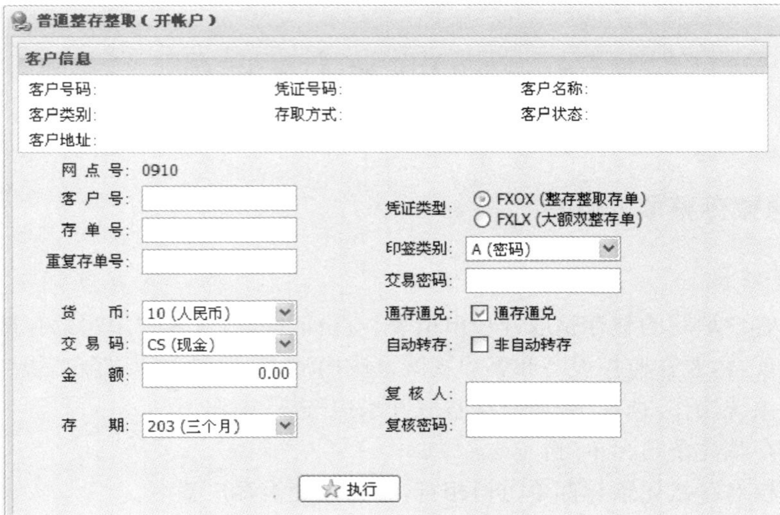

图 4-1　普通整存整取(开账户)界面

二、普通整存整取部分提前支取

（一）业务流程(以存单为例)

(1)柜员审核客户提交的存单是否为本行签发且身份证件是否合法、有效并在存单背面填写部分提前支取的金额并按剩余部分金额填写存款凭条。

(2)在业务系统选择“整存整取部分提前支取”进行操作。

(3)除了打印取款凭条和利息清单后交给客户签名确认外，还需打印剩余部分金额的存款凭条给客户签名确认。

(4)打印新存单(新存单的起息日和到期日与原存单相同)，并在新存单上加盖业务公章。

(5)柜员审核客户签名无误后，配付现金连同利息清单、取款凭条、存单一并交给客户。

(6)将留存银行的存取款凭条和利息清单分别加盖业务章和名章并保存。

注意：每笔整存整取定期存款只能部分提前支取一次。如果客户持定期一本通来要求部分提前支取，则结清原来那笔整存整取定期存款，再按剩余金额新开一笔整存整取定期存，定期一本通存折可继续使用，无须更换。

（二）系统界面的进入

在主界面下选择：个人储蓄—整存整取—整存整取部分提前支取

（三）操作说明

(1)输入账号、存单号、替换存单号、(替换存单号)重复、货币、交易码、金额、凭证种类、密码、ID类别、ID号。

(2)检查无误后选择“执行”(R)按钮，在系统提示下操作。

（3）注意事项：整存整取只能部分提前支取一次。当账号、存单号、货币、交易码输入完毕后，光标移到下一个输入框时，系统自动在窗口的上半部分显示出该客户的详细信息，包括账号、凭证号、户名、业务品种、货币、余额、账户状态、开户方式、起息日、到息日、存期、通存通兑。若客户有预留密码，则密码不能为空（由客户输入）。ID类别不能选择Z（无），ID号不能为空。

（四）界面操作

（1）账号：开立的普通整存整取账户。

（2）存单号：开户时所使用的定期存单号。

（3）替换存单号：因部分支取，原存单已不能继续使用，需要更换新的存单。

（4）重复替换号：再输入一遍新的存单号。

（5）金额：额度内部分提取。

（6）凭证类型：整存整取存单（图4-2）。

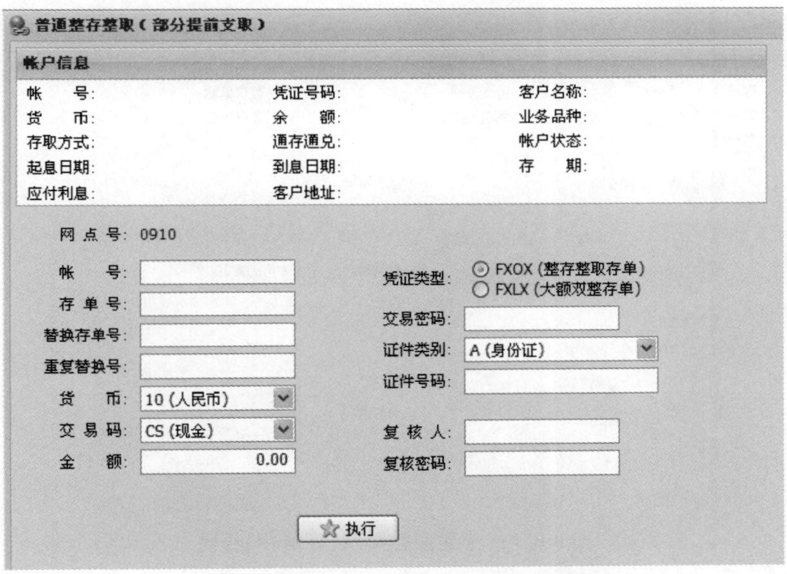

图4-2 普通整存整取（部分提前支取）界面

三、一卡通整存整取开账户

（一）业务流程

（1）审核客户填写的一卡通整存整取开户申请表、身份证件，注意客户填写的存期。

（2）点收现金，要在监控设备和客户视线范围内清点，收取大额现金必须换人复核。

（3）进行系统操作，选择“一卡通整存整取开账户”进行操作。

（4）打印存款凭条，并由客户签字。

（5）客户签字无误后，将一卡通交给客户。

（6）将存款凭条加盖业务章和名章并保存，然后登记开销户登记簿。

注意:柜员要将留存的凭条盖上业务章和名章,新开户的还要在开户登记簿上登记。

(二)系统界面的进入

在主界面下选择:个人储蓄—整存整取—一卡通整存整取开户

(三)操作说明

注意凭证类型选一卡通,其他与普通整存整取类似。

(四)界面操作

(1)凭证类型:一卡通。

(2)客户号:一卡通客户号。

(3)凭证号码:一卡通凭证号码。

(4)金额:50 元起存,不超过 50 000 元。

(5)存期:存期有 3 个月、半年、1 年、3 年、5 年五种,自己选择使用(图 4-3)。

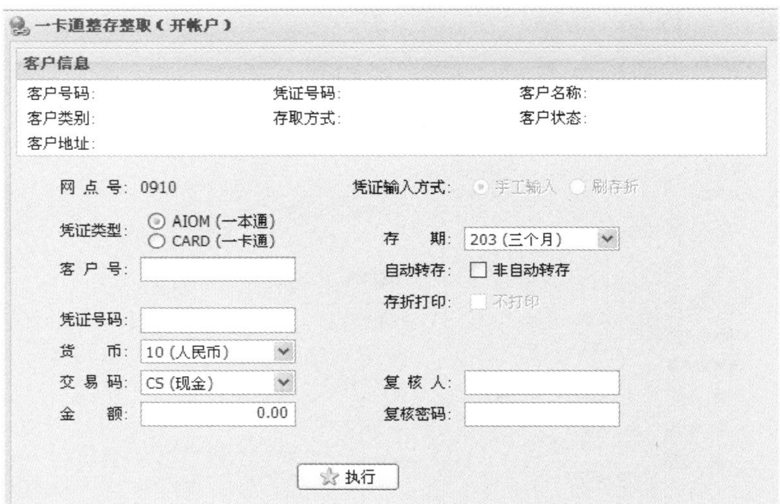

图 4-3 一卡通整存整取(开账户)界面

四、一卡通整存整取部分提前支取

(一)业务流程

(1)审核银行卡,通过刷卡,系统可以自动读取账号,客户要根据提示输入密码。

(2)在业务系统选择“整存整取部分提前支取”进行操作。

(3)打印取款凭条和利息清单交给客户签名确认,并打印剩余部分金额的存款凭条给客户签名确认。

(4)客户在取款凭条、存款凭条和利息清单签名无误后交回给柜员。

(5)柜员审核客户签名无误后配付现金并将一卡通和客户联利息清单、取款凭条和存款凭条一并交给客户。(一卡通中剩余金额的起息日和到期日与原存单相同)

(6)将留存银行的存取款凭条和利息清单加盖业务章和名章并保存。

（二）系统界面的进入

在主界面下选择：个人储蓄—整存整取—一卡通整存整取部分提前支取

（三）操作说明

注意凭证类型为一卡通，其他与普通整存整取部分提前支取类似。

（四）界面操作

（1）凭证类型：一卡通。
（2）客户号：一卡通客户号。
（3）凭证号码：一卡通整存整取开户时使用的凭证。
（4）子户号：一卡通整存整取账户的后 5 位数字。
（5）额度内部分提取（图 4-4）。

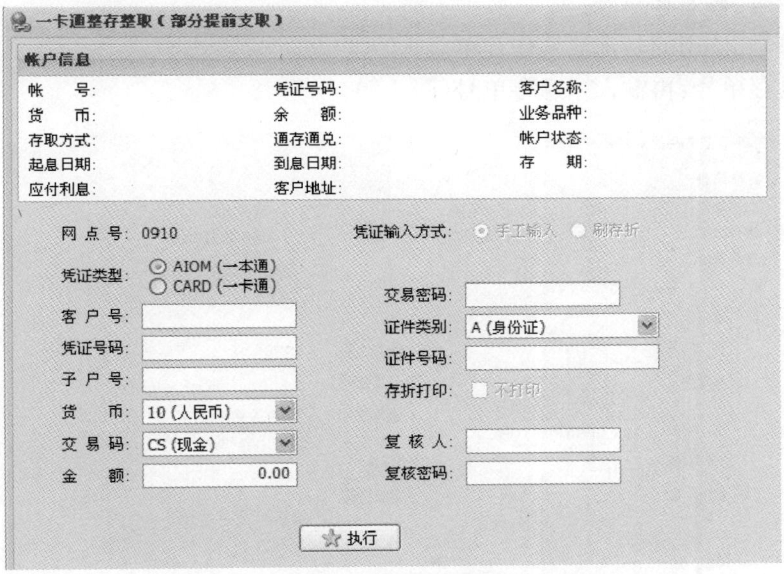

图 4-4 一卡通整存整取（部分提前支取）界面

五、普通定活两便开账户

（一）业务流程

（1）审核客户填写的存款凭条要素和身份证件。
（2）点收现金。
（3）选择“普通定活两便开账户”交易进行系统操作。
（4）打印存款凭条和定活两便存折，将存款凭条交给客户签名确认。
（5）审核客户在存款凭条签名无误后，在定活两便存折上加盖业务公章，将存折和身份证件一并交给客户。
（6）将留存银行的存款凭条加盖业务章和名章保存，并登记开销户登记簿。

(二)系统界面的进入

在主界面下选择:个人储蓄—定活两便—普通用户定活两便开户

(三)操作说明

(1)输入网点号、客户号、存单号、(存单号)重复、货币、交易码、金额、印鉴类别、密码、通存通兑。

(2)检查无误后选择“执行”(R)按钮,在系统提示下操作。

(3)注意事项:当客户号、存单号、货币和交易码输入完毕后,光标移到下一个输入框时,系统自动在窗口的上半部分显示出该客户的详细信息,包括客户号、凭证号、户名、客户类别、存取方式、状态。

(四)界面操作

(1)客户号:普通客户号。

(2)存单号:使用的是定活两便存单。

(3)重复存单号:再输入一遍存单号(图 4-5)。

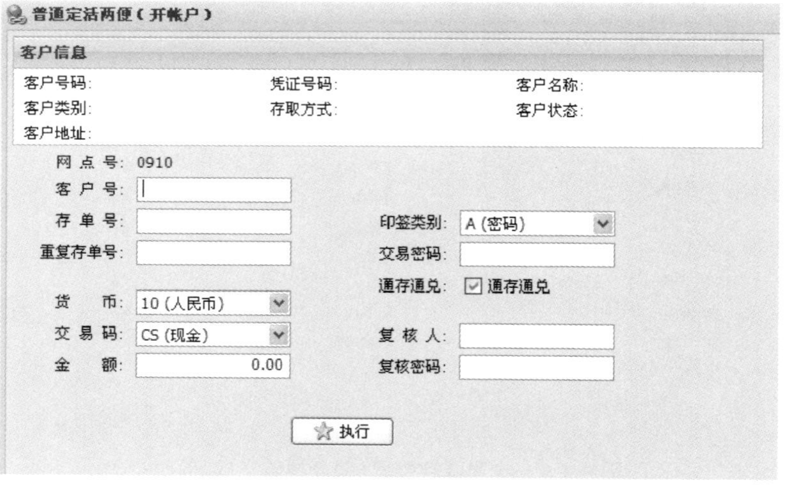

图 4-5 普通定活两便(开账户)界面

六、普通定活两便销户

(一)业务流程

(1)柜员审核客户提交的定活两便存折是否为本行签发,并审核身份证件和存期(不同存期有不同的利率,不到半年的按活期利率计息)。

(2)在业务系统选择“普通定活两便销户”进行操作。

(3)打印存折、销户凭证和利息清单交给客户签名确认。

(4)客户在销户凭证和利息清单上签名后交回给柜员。

(5)柜员审核客户签名无误后配付现金连同客户联利息清单、销户凭证及身份证一并交给客户。

(6)在零整存折上加盖“结清”“附件”章，并剪角破坏磁条；留存银行的各类凭证盖章保留。

(二)系统界面的进入

在主界面下选择：个人储蓄—定活两便—普通用户定活两便销户

(三)操作说明

(1)输入账号、存单号、货币、交易码、金额、密码、证件类别、证件号。

(2)检查无误后选择“执行”(R)按钮，在系统提示下操作。

(3)注意事项：当账号、存单号、货币和交易码输入完毕后，光标移到下一个输入框时，系统自动在窗口的上半部分显示出该客户的详细信息，包括账号、凭证号、户名、业务品种、货币、余额、账户状态、开户方式、起息日、到息日、存期、通存通兑。若客户有预留密码，则密码不能为空(由客户输入)。

(四)界面操作

(1)账号：开立的普通定活两便账号。

(2)存单号：开立普通定活两便账号时使用的定活两便存单。

(3)金额：定活两便账户中剩余的金额(上面的账户信息中有显示)(图 4-6)。

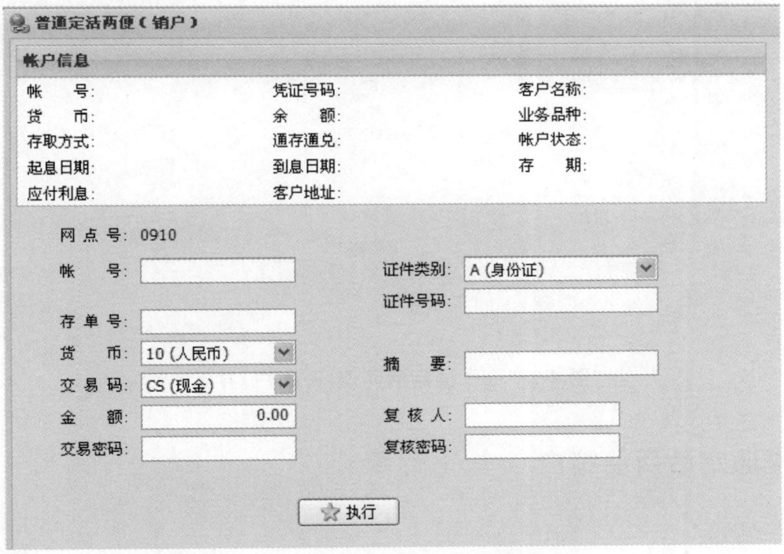

图 4-6　普通定活两便(销户)界面

七、一卡通定活两便开账户

(一)业务流程

(1)审核客户填写的一卡通定活两便开户申请表和身份证。

(2)点收现金，要在监控设备和客户视线范围内清点，收取大额现金必须换人复核。

(3)进行系统操作,选择"一卡通定活两便开账户"进行操作。
(4)打印存款凭条,由客户签字。
(5)签字无误后将一卡通和身份证一并交给客户。
(6)将留存银行的存款凭条盖章保存并在开销户登记簿上登记。

(二)系统界面的进入

在主界面下选择:个人储蓄—定活两便—一卡通定活两便开户

(三)操作说明

注意凭证类型为一卡通,客户号为一卡通客户号,其他与普通定活两便开户类似。

(四)界面操作

(1)凭证类型:一卡通。
(2)客户号:一卡通客户号。
(3)凭证号:一卡通凭证号(图 4-7)。

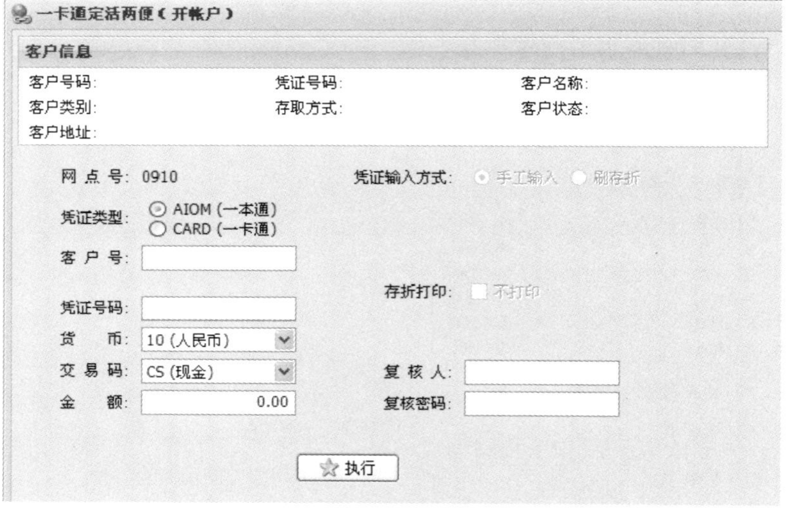

图 4-7 一卡通定活两便(开账户)界面

八、一卡通定活两便销户

(一)业务流程

(1)柜员审核客户提交的定活两便银行卡是否为本行签发,并审核存期和身份证件。
(2)刷卡进入业务系统选择"一卡通定活两便销户"进行操作。
(3)打印一式两联销户凭证和利息清单交给客户签名确认。
(4)客户在销户凭条和利息清单上签名后交回给柜员。
(5)柜员审核客户签名无误后配付本金和利息并将利息清单、销户凭证和身份证一并交给客户。
(6)将一卡通收回,在留存银行的各类凭证上盖章并登记开销户登记簿。

(二)系统界面的进入

在主界面下选择:个人储蓄—定活两便—一卡通定活两便销户

(三)操作说明

注意客户类型与客户号与普通定活两便销户不同,其他则类似。

(四)界面操作

(1)凭证类型:一卡通。

(2)客户号:一卡通客户号。

(3)凭证号码:开立一卡通定活两便账户时所使用的凭证号。

(4)子户号:一卡通定活两便账户号码后5位数字。

(5)金额:一卡通定活两便账户中的余额(账户信息中有显示)(图4-8)。

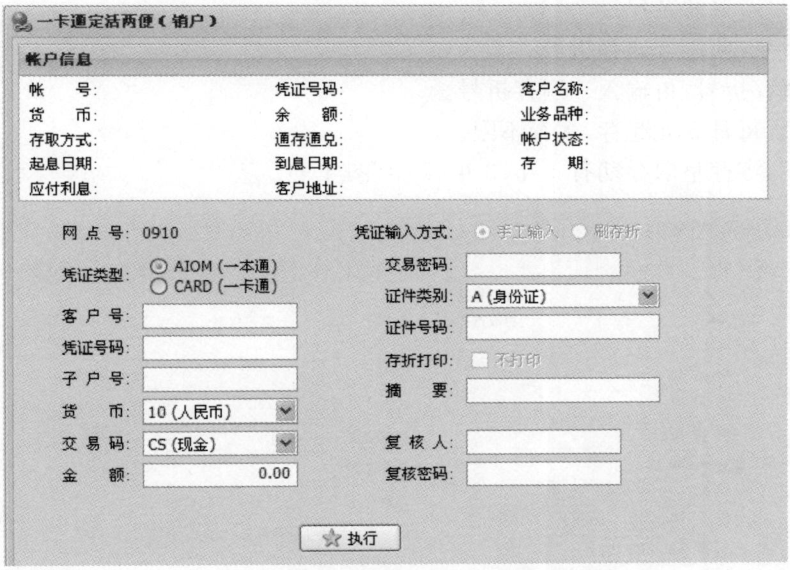

图4-8 一卡通定活两便(销户)界面

九、普通零存整取开账户

(一)业务流程

(1)审核客户填写的存款凭条要素和身份证件。

(2)点收现金。

(3)在业务系统中选择“普通零存整取开账户”交易进行操作。

(4)打印存款凭条和零存整取存折,将存款凭条交给客户签名确认。

(5)审核客户在存款凭条签名无误后,在零存整取存折上加盖业务公章后将存折交给客户。

(6)将留存银行的存款凭条盖章保存,并在开销户登记簿上登记。

(二)系统界面的进入

在主界面下选择:个人储蓄—零存整取—零存整取开户

(三)操作说明

(1)输入客户号、存折号、(存折号)重复、货币、交易码、金额、存期、印鉴类别、密码、通存通兑。

(2)检查无误后选择“执行”(R)按钮,在系统提示下操作。

(3)注意事项:当客户号、存折号、货币和交易码输入完毕后,光标移到下一个输入框时,系统自动在窗口的上半部分显示出该客户的详细信息,包括客户号、凭证号、户名、客户类别、存取方式、状态。

(四)界面操作

(1)客户号:普通客户号。

(2)存折号:使用普通存折号。

(3)重复存折号:再输入一遍存折号。

(4)金额:每月 5 元起存,多存不限。

(5)存期:零存整取存期有 1 年、3 年、5 年(图 4-9)。

图 4-9 普通零存整取(开账户)界面

十、普通零存整取存款

(一)业务流程

(1)审核客户的存折是否为本行签发,是否漏存。

(2)点收现金。

(3)选择“普通零存整取存款”交易进行系统操作。

(4)打印存款凭条和零存整取存折,将存款凭条交给客户签名确认。

(5)审核客户在存款凭条签名无误后,将零存整取存折连同客户联存款凭条一并交给客户。

(6)将留存银行的存款凭条盖章并保存。

(二)系统界面的进入

在主界面下选择:个人储蓄—零存整取—零存整取存款

(三)操作说明

(1)输入客户号、存折号、(存折号)重复、货币、交易码、金额、存期、印鉴类别、密码、通存通兑。

(2)检查无误后选择"执行"(R)按钮,在系统提示下操作。

(3)注意事项:当账号、存折号、货币和交易码输入完毕后,光标移到下一个输入框时,系统自动在窗口的上半部分显示出该客户的详细信息,包括账号、凭证号、户名、业务品种、货币、余额、账户状态、开户方式、起息日、到息日、存期、通存通兑、存取间隔、应付利息。

(四)界面操作

(1)账号:开立的零存整取账户号。

(2)存折号:开立账户时使用的普通存折号。

(3)金额:按每月固定金额(图4-10)。

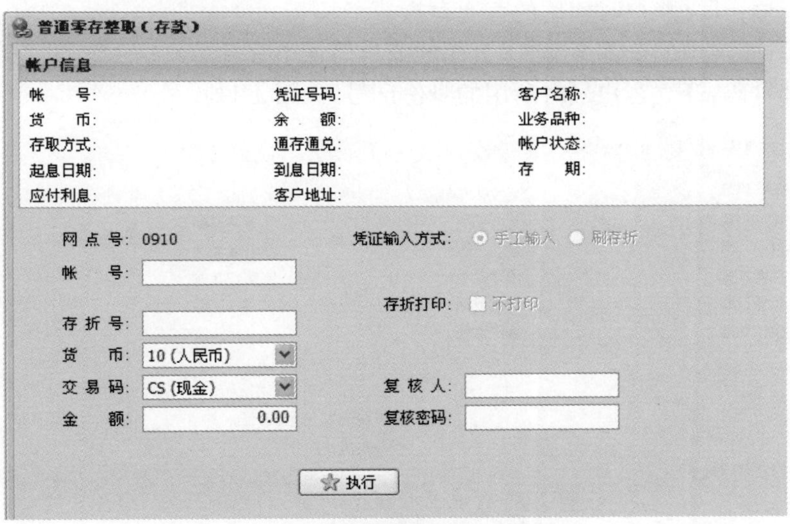

图4-10 普通零存整取(存款)界面

十一、普通零存整取销户

(一)业务流程

(1)柜员审核客户提交的零整存折是否为本行签发、是否已到期,如果是提前支取还需要审核客户身份证件且只能全部支取。

(2)在业务系统中选择"普通零存整取销户"进行操作。

(3)打印存折、销户凭证和利息清单交给客户签名确认。

(4)柜员审核客户签字无误后,配付现金连同客户联利息清单和销户凭证交给客户。

(5)在零存整取存折上加盖"结清""附件"章,并剪角破坏磁条。

(6)留存银行的销户凭证和利息清单盖章保存,并在开销户登记簿上登记。

(二)系统界面的进入

在主界面下选择:个人储蓄—零存整取—零存整取销户

(三)操作说明

(1)输入客户号、存折号、(存折号)重复、货币、交易码、金额、存期、印鉴类别、密码、通存通兑。

(2)检查无误后选择"执行"(R)按钮,在系统提示下操作。

(3)注意事项:当账号、存折号、货币和交易码输入完毕后,光标移到下一个输入框时,系统自动在窗口的上半部分显示出该客户的详细信息,包括账号、凭证号、户名、业务品种、货币、余额、账户状态、开户方式、起息日、到息日、存期、通存通兑、存取间隔、应付利息。若客户有预留密码,则密码不能为空(由客户输入)。

(四)界面操作

(1)账号:开立的定期零存整取账户号。

(2)存折号:开立账户时使用的普通存折号。

(3)金额:账户中的全部金额。(上面的账户信息中有显示)

(4)证件号码:开立客户号时所用的身份证号码(图 4-11)。

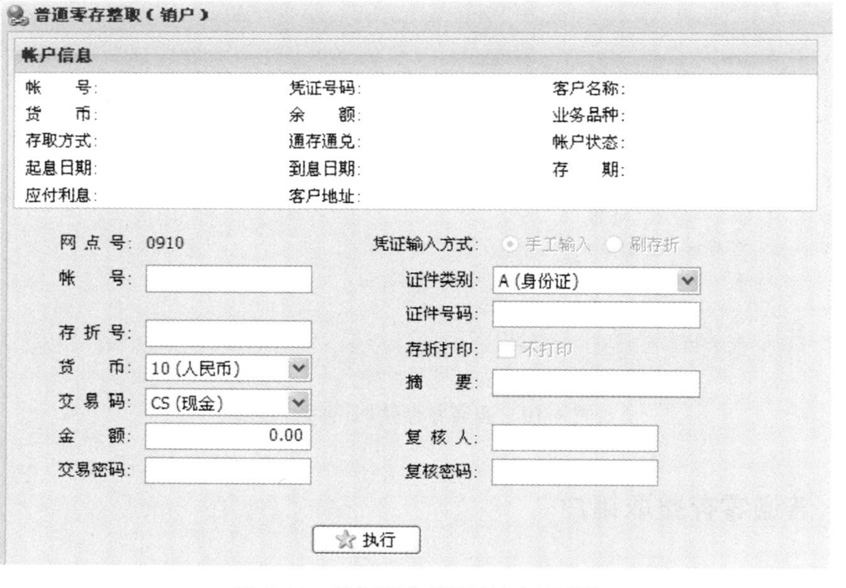

图 4-11 普通零存整取(销户)界面

十二、一卡通零存整取开账户

(一)业务流程

(1)审核客户填写的一卡通零存整取开户申请表和身份证件,注意客户填写的存期。

(2)点收现金,要在监控设备和客户视线范围内清点,收取大额现金必须换人复核。

(3)在业务系统中选择"一卡通零存整取开账户"进行操作。

(4)打印存款凭条,并由客户签字。

(5)签字无误后,将一卡通交给客户。

(6)将留存银行的存款凭条盖章保存,并在开销户登记簿上登记。

(二)系统界面的进入

在主界面下选择:个人储蓄—零存整取—一卡通零存整取开户

(三)操作说明

与普通零存整取开账户类似。

(四)界面操作

(1)客户号:一卡通客户号。

(2)凭证号码:一卡通凭证号。

(3)金额:每月 5 元起存,多存不限。

(4)存期:零存整取存期有 1 年、3 年、5 年,点击选择(图 4-12)。

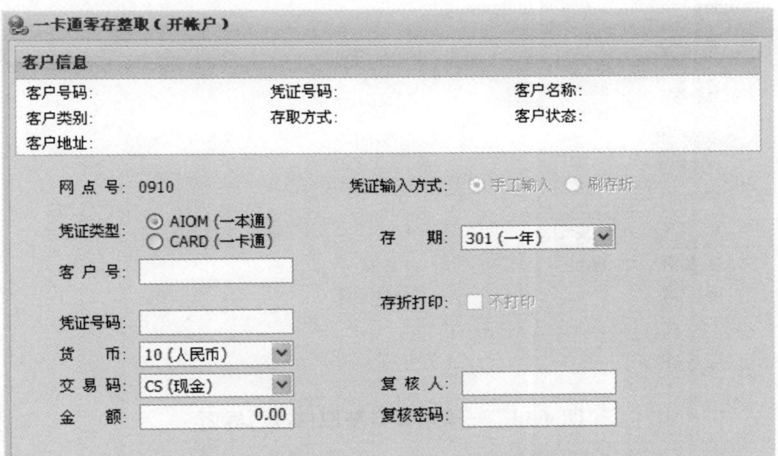

图 4-12 一卡通零存整取(开账户)界面

十三、一卡通零存整取存款

(一)业务流程

(1)审核客户的银行卡是否为本行签发,是否漏存。

(2)点收现金。

(3)选择“一卡通零存整取存款”交易进行系统操作。

(4)打印存款凭条,将存款凭条交给客户签名确认。

(5)审核客户在存款凭条签名无误后,将一卡通连同客户联存款凭证交给客户。

(6)将留存银行的存款凭条盖章保存。

(二)系统界面的进入

在主界面下选择:个人储蓄—零存整取—一卡通零存整取存款

(三)操作说明

与普通零存整取存款类似。

(四)界面操作

(1)客户号:一卡通客户号。

(2)凭证号码:开立账户时所使用的一卡通凭证号码。

(3)子户号:一卡通零存整取账户的后 5 位数字。

(4)金额:按每月的固定金额存入(图 4-13)。

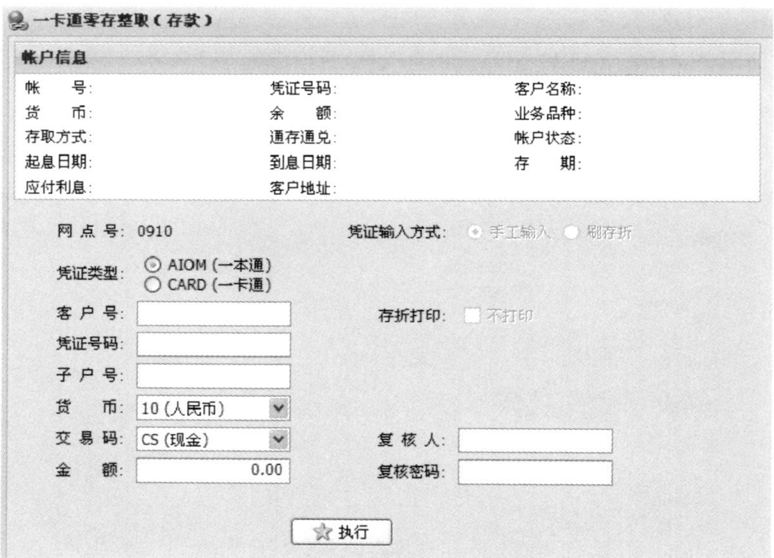

图 4-13 一卡通零存整取(存款)界面

十四、一卡通零存整取销户

(一)业务流程

(1)柜员审核客户提交的零存整取银行卡是否为本行签发、是否已到期,如果是提前支取还需要审核客户身份证件且只能全部支取。

(2)刷卡进入业务系统选择“一卡通零存整取销户”进行操作。

(3)打印销户凭证和一式两联利息清单交给客户签名确认。

(4)柜员审核客户签字无误后,配付现金和利息,连同客户联利息清单和销户凭证一并交给客户。

(5)将留存银行的销户凭证、利息清单盖章保存并收回一卡通。

(6)在开销户登记簿上登记。

(二)系统界面的进入

在主界面下选择:个人储蓄—零存整取—一卡通零存整取销户

(三)操作说明

与普通零存整取销户类似。

(四)界面操作

(1)客户号:一卡通客户号。

(2)凭证号码:开立账户时所使用的一卡通凭证号码。

(3)子户号:一卡通零存整取账户的后 5 位数字。

(4)金额:一卡通零存整取账户全部余额(上面账户信息中有显示)(图 4-14)。

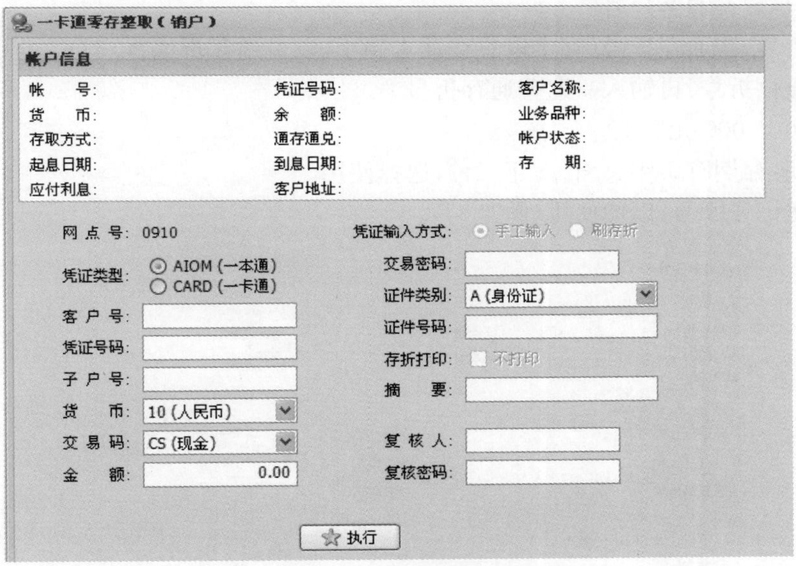

图 4-14　一卡通零存整取(销户)界面

十五、普通存本取息开账户

虽然在银行中存在存本取息业务,但办理此项业务的客户极少,这是由于银行存款利率低,理财产品稳定而利率较高的原因,但作为一项业务内容,我们需要了解。

(一)业务流程

(1)审核客户填写的存款凭条要素和身份证件。

(2)点收现金。

(3)在业务系统中选择"普通存本取息开账户"进行操作。

(4)打印存款凭条和存本取息存折，将存款凭条交给客户签名确认。

(5)审核客户签名无误后，在存本取息存折上加盖业务公章后将存折交给客户。

(6)将留存银行的存款凭条盖章保存。

(二)系统界面的进入

在主界面下选择：个人储蓄—存本取息—存本取息开户

(三)操作说明

(1)输入客户号、存折号、(存折号)重复、货币、交易码、金额、存期、取息间隔、印鉴类别、密码、存折打印、通存通兑。

(2)检查无误后选择“执行”(R)按钮，在系统提示下操作。

(3)注意事项：取息间隔以月为单位计算。当客户号、存折号、货币和交易码输入完毕后，光标移到下一个输入框时，系统自动在窗口的上半部分显示出该客户的详细信息，包括客户号、凭证号、户名、客户类别、存取方式、状态。

(四)界面操作

(1)客户号：普通客户号。

(2)存折号：普通存折号(存本取息凭证未领用，以普通存折代替)。

(3)重复存折号：再输入一遍普通存折号。

(4)金额：5 000 元以上。

(5)存期：存期有 1 年、3 年、5 年三种，选择使用。

(6)注意记住账号，以便使用(图 4-15)。

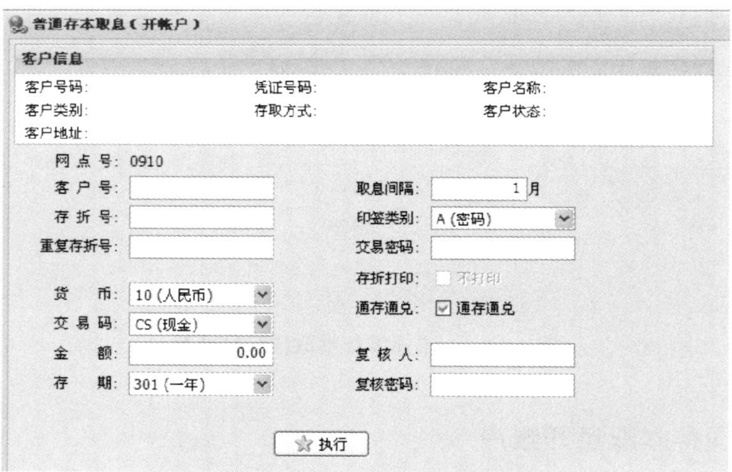

图 4-15　普通存本取息(开账户)界面

十六、普通存本取息销户

(一)业务流程

(1)柜员审核客户提交的存本取息存折和客户身份证件。

(2)在业务系统中选择“普通存本取息销户”进行操作。

(3)打印存折、销户凭证和利息清单,将销户凭证和利息清单交给客户签名确认。

(4)柜员审核客户签名无误后,配付现金连同客户联销户凭证和利息清单一并交给客户。

(5)在存本取息存折上加盖“结清”“附件”章,并剪角破坏磁条。

(6)将留存银行的销户凭证和利息清单盖章保存并在开销户登记簿上登记。

(二)系统界面的进入

在主界面下选择:个人储蓄—存本取息—存本取息销户

(三)操作说明

(1)输入客户号、存折号、(存折号)重复、货币、交易码、金额、存期、取息间隔、印鉴类别、密码、存折打印、通存通兑。

(2)检查无误后选择“执行”(R)按钮,在系统提示下操作。

(3)注意事项:当账号、存折号、货币和交易码输入完毕后,光标移到下一个输入框时,系统自动在窗口的上半部分显示出该客户的详细信息,包括账号、凭证号、户名、业务品种、货币、余额、账户状态、开户方式、起息日、到息日、存期、通存通兑、存取间隔、应付利息。若客户有预留密码,则密码不能为空,由客户输入。

(四)界面操作

(1)账号:开立的普通存本取息账户号。

(2)存折号:开户时使用的普通存折(号码)。

(3)金额:账户中的全部额度。(账户信息中余额一栏有显示)

(4)交易密码和证件号码需要准确填写(图 4-16)。

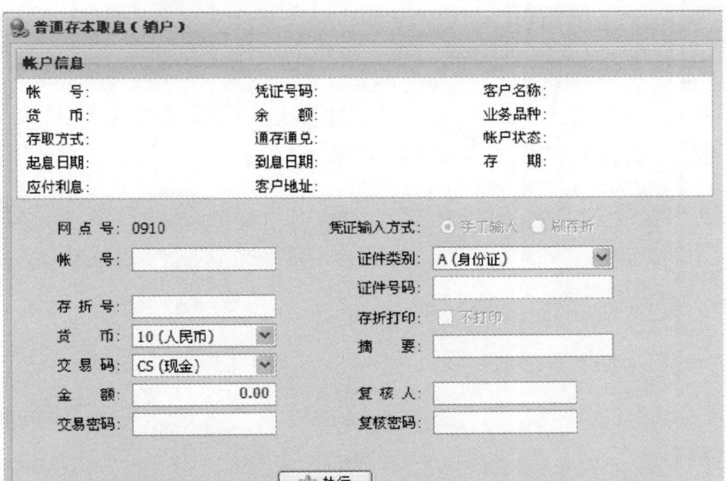

图 4-16 普通存本取息(销户)界面

十七、普通通知存款开账户

随着银行业务的发展和现代信息技术的进步,银行的各类存取款手续都在不断简化,通知存款业务刚开始时,如通知存款分 1 天通知和 7 天通知,开始时必须由客户取款时提前通知银行，但随着业务的发展，提前通知这个环节就省去了，有银行按规定核算利息，给客户取款带来更大的便利，目前的通知存款在实际业务中属于卡内业务，不必单独开户。

(一)业务流程

(1)审核客户填写的存款凭条要素和身份证件。

(2)点收现金。

(3)在业务系统中选择“普通通知存款开账户”进行操作。

(4)打印存款凭条和通知存款存单，将存款凭条交给客户签名确认。

(5)签名无误后，在通知存款存单上加盖业务公章，将存折和身份证件一并交给客户。

(6)将留存银行的存款凭条加盖业务章和名章保存，并登记开销户登记簿。

(二)系统界面的进入

在主界面下选择：个人储蓄—通知存款—普通用户通知存款开户

(三)操作说明

(1)输入客户号、存折号、(存折号)重复、通知期、货币、交易码、金额、印鉴类别、密码、存折打印、通存通兑。

(2)检查无误后选择“执行”(R)按钮，在系统提示下操作。

注意：当客户号、存折号、货币和交易码输入完毕后，光标移到下一个输入框时，系统自动在窗口的上半部分显示出该客户的详细信息，包括客户号、凭证号、户名、客户类别、存取方式、状态。

(四)界面操作

(1)客户号：使用普通客户号。

(2)存折号：选择普通存折。

(3)起存金额：必须大于人民币5万元，否则无法继续后面的业务。

(4)重复存折号、交易密码要求准确输入(图4-17)。

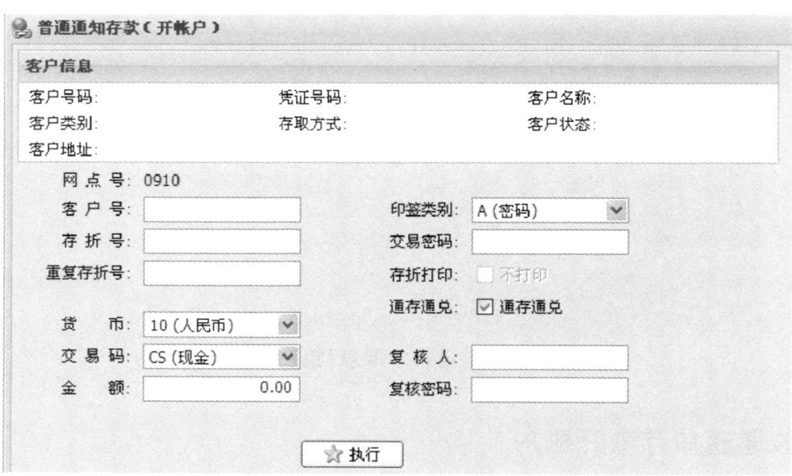

图4-17 普通通知存款(开账户)界面

十八、普通通知存款部分支取

(一)业务流程

(1)柜员审核客户提交的存单是否为本行签发且身份证件是否合法、有效,并在存单背面填写部分提前支取的金额并按剩余部分金额填写存款凭条。

(2)在业务系统选择"普通通知存款部分支取"进行操作。

(3)除了打印取款凭条和利息清单后交给客户签名确认外。还需打印剩余部分金额的存款凭条给客户签名确认。

(4)打印新存单(新存单的起息日和到期日与原存单相同)。并在新存单上加盖业务公章。

(5)柜员审核客户签名无误后,配付现金连同利息清单、取款凭条、新存单一并交给客户。

(6)将留存银行的存取款凭条和利息清单分别加盖业务章和名章并保存。

(二)系统界面的进入

在主界面下选择:个人储蓄—通知存款—普通用户通知存款部分支取

(三)操作说明

(1)输入客户号、存折号、(存折号)重复、通知期、货币、交易码、金额、印鉴类别、密码、存折打印、通存通兑。

(2)检查无误后选择"执行"(R)按钮,在系统提示下操作。

(3)注意事项:①当账号、存折号、货币和交易码输入完毕后,光标移到下一个输入框时,系统自动在窗口的上半部分显示出该客户的详细信息,包括账号、凭证号、户名、业务品种、货币、余额、存取方式、账户状态、开户方式、起息日、到息日、存期、通存通兑等。②取款金额小于最低金额。③若客户有预留密码,由客户输入,密码不能为空。

(四)界面操作

(1)账号选择使用普通通知存款账户。

(2)剩余金额不能低于 50 000 元。

(3)通知期限 1 天、7 天任选。

(4)证件号码填开客户号时使用的证件号(图 4-18)。

十九、普通通知存款销户

(一)业务流程

(1)柜员审核客户提交的普通通知存款存单是否为本行签发。

(2)在业务系统选择"普通通知存款销户"进行操作。

(3)打印销户凭证和利息清单交给客户签名确认。

(4)柜员审核客户签字无误后,配付现金连同客户联利息清单和销户凭证交给客户。

(5)在普通通知存款存单上加盖"结清""附件"章,并收回保存。

(6)留存银行的销户凭证和利息清单盖章保存,并登记开销户登记簿。

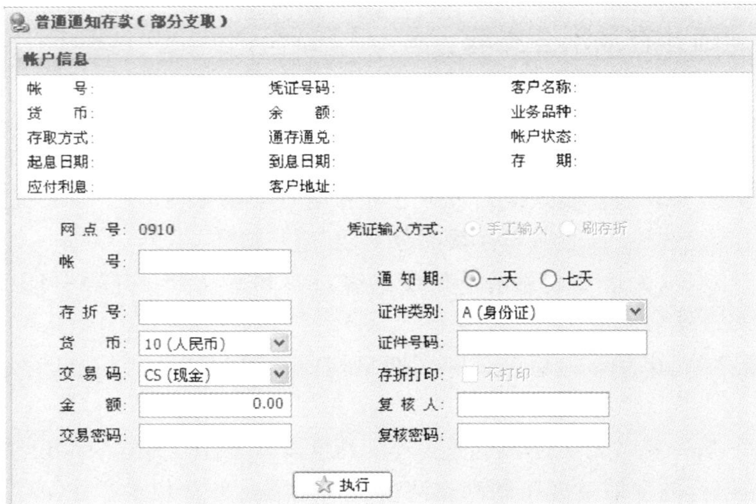

图 4-18 普通通知存款(部分支取)界面

（二）系统界面的进入

在主界面下选择：个人储蓄—通知存款—普通用户通知存款销户

（三）操作说明

（1）输入客户号、存折号、（存折号）重复、货币、交易码、金额、存期、取息间隔、印鉴类别、密码、存折打印、通存通兑。

（2）检查无误后选择“执行”（R）按钮，在系统提示下操作。

（3）注意事项：①当账号、存折号、货币和交易码输入完毕后，光标移到下一个输入框时，系统自动在窗口的上半部分显示出该客户的详细信息，包括客户号、凭证号、户名、业务品种、货币、余额、存取方式、账户状态、开户方式、起息日、到息日、存期、通存通兑。②若客户有预留密码，则密码不能为空（由客户输入）。

（四）界面操作

（1）账号：普通通知存款账号。

（2）存折号：开立账户时所使用的普通存折（号码）。

（3）通知期：与开立账户时一致（1 天或 7 天）。

（4）金额要填写全部余额（账户信息中有显示）。

（5）证件号码、密码要求准确填写（图 4-19）。

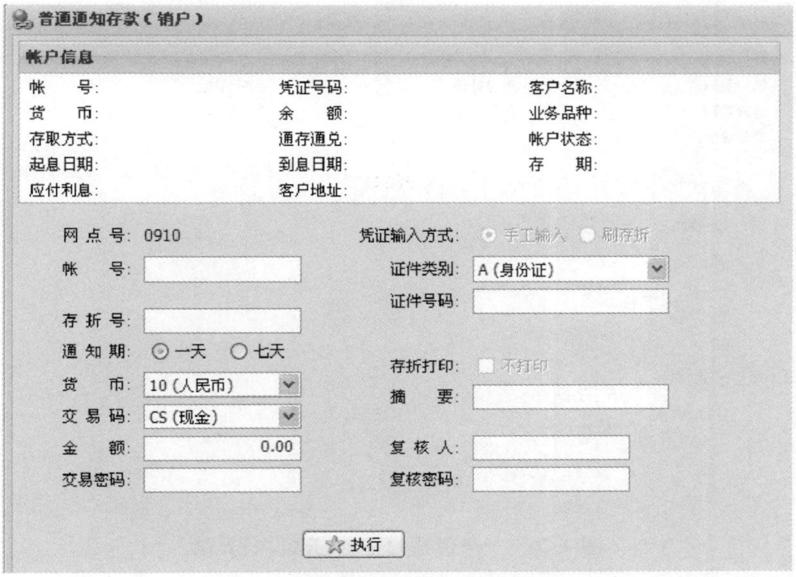

图 4-19 普通通知存款(销户)界面

二十、一卡通通知存款开户

(一)业务流程

(1)审核客户填写的一卡通通知存款开户申请表和身份证。

(2)点收现金,收取大额现金必须换人复核。

(3)进行系统操作,选择“一卡通通知存款开户”进行操作。

(4)打印存款凭条,由客户签字。

(5)签字确认无误后将一卡通和身份证一并交给客户。

(6)将留存银行的存款凭条盖章并登记开销户登记簿。

(二)系统界面的进入

在主界面下选择:个人储蓄—通知存款—一卡通通知存款开户

(三)操作说明

与普通通知存款开户类似。

(四)界面操作

(1)客户号:一卡通客户号。

(2)凭证号码:一卡通凭证号。

(3)金额:大于 50 000 元(图 4-20)。

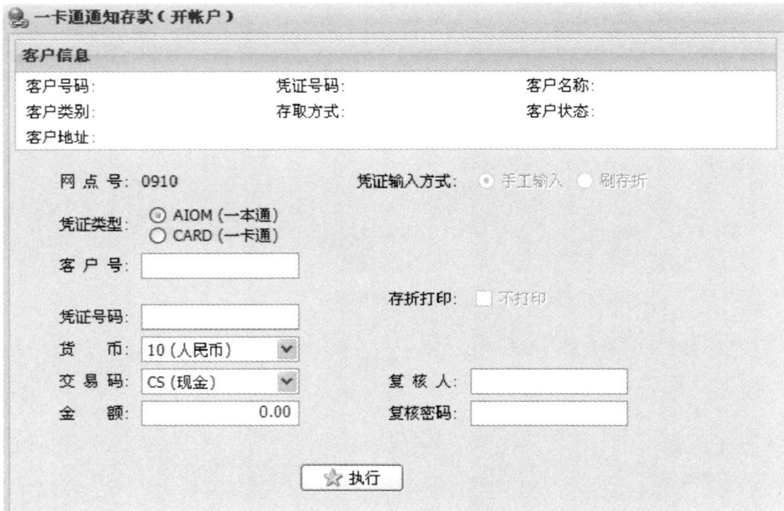

图 4-20 一卡通通知存款(开账户)界面

二十一、一卡通通知存款提前支取

(一)业务流程

(1)审核一卡通,通过刷卡,系统可以自动读取账号,客户要根据提示输入密码。

(2)在业务系统选择“一卡通通知存款提前支取”进行操作。

(3)打印取款凭条和利息清单和剩余部分金额的存款凭条交给客户签名确认。

(4)客户在取款凭条、存款凭条和利息清单签名无误后交回给柜员。

(5)柜员审核客户签名无误后配付现金并将一卡通和客户联利息清单、取款凭条和存款凭条一并交给客户。(一卡通中剩余金额的起息日和到期日与原来相同)

(6)将留存银行的存取款凭条和利息清单加盖业务章和名章并保存。

(二)系统界面的进入

在主界面下选择:个人储蓄—通知存款—一卡通通知存款提前支取

(三)操作说明

与普通通知存款提前部分支取类似。

(四)界面操作

(1)凭证类型:一卡通凭证号。

(2)子户号:一卡通通知存款账号的后 5 位数字。

(3)其他部分填写同普通通知存款提前支取的填写(图 4-21)。

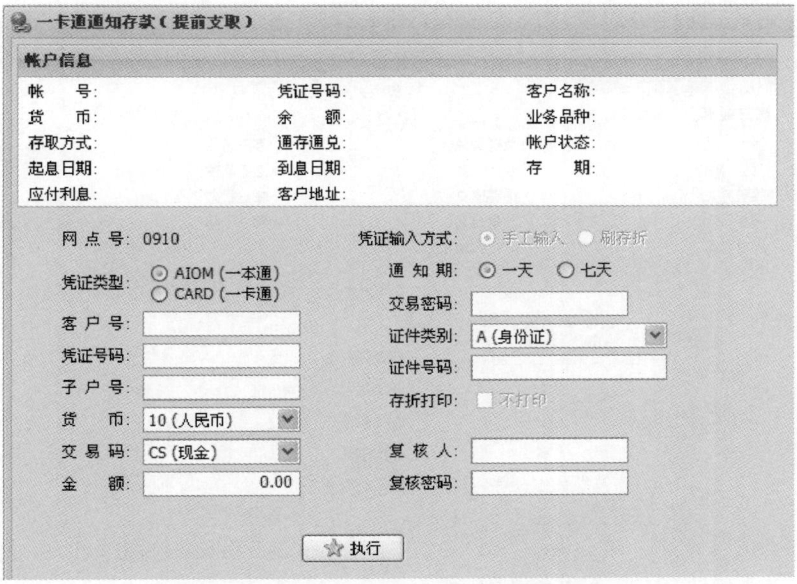

图 4-21　一卡通通知存款(提前支取)界面

二十二、一卡通通知存款销户

（一）业务流程

(1)柜员审核客户提交的一卡通是否为本行签发,并审核存期和身份证件。

(2)刷卡进入业务系统选择“一卡通通知存款销户”进行操作。

(3)打印销户凭证和利息清单交给客户签名确认。

(4)客户在销户凭证和利息清单上签名后交回给柜员。

(5)审核客户签名无误后配付现本金、利息并将利息清单、销户凭证和身份证一并交给客户。

(6)将一卡通收回,在留存银行的各类凭证上盖章并登记开销户登记簿。

（二）系统界面的进入

在主界面下选择:个人储蓄—通知存款—一卡通通知存款销户

（三）操作说明

与普通通知存款销户类似。

（四）界面操作

(1)客户号:一卡通客户号。

(2)凭证号码:开立账户时使用的一卡通凭证号。

(3)子户号:一卡通通知存款账号的后 5 位数字。

(4)金额:全部余额(账户信息中有余额显示)。

(5)通知期:与开户时一致。

(6)交易密码、证件号码要求准确填写(图 4-22)。

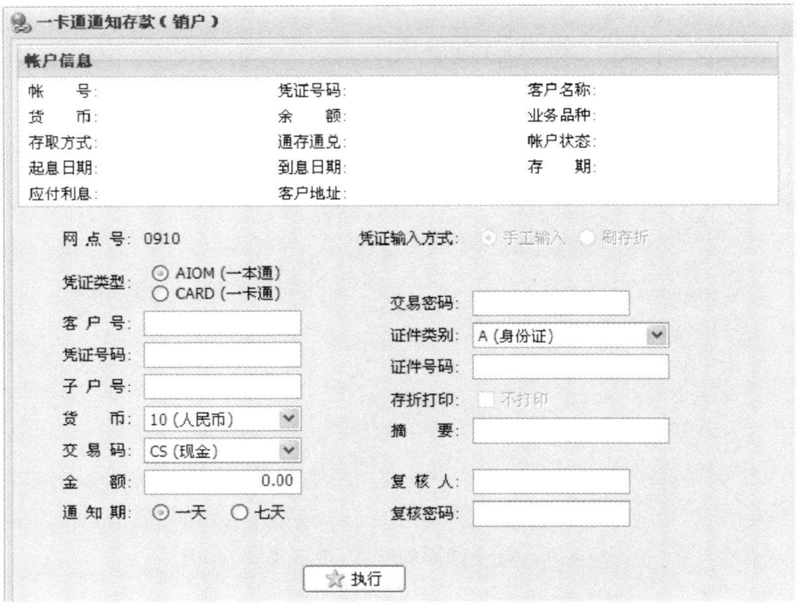

图 4-22 一卡通通知存款(销户)界面

二十三、普通教育储蓄开账户

(一)业务流程

(1)审核客户填写的存款凭条要素是否完整无误,审核身份证件是否真实有效。
(2)点收现金。
(3)选择“普通教育储蓄开账户”交易进行系统操作。
(4)打印存款凭条和教育储蓄存折,将存款凭条交给客户签名确认。
(5)审核客户在存款凭条签名无误后,将教育储蓄存折加盖业务公章后交给客户。
(6)将留存银行的存款凭条盖章保存,并登记开销户登记簿。

(二)系统界面的进入

在主界面下选择:个人储蓄—教育储蓄—普通教育储蓄开账户

(三)操作说明

(1)输入客户号、存折号、(存折号)重复、通知期、货币、交易码、金额、印鉴类别、密码、存折打印、通存通兑。
(2)检查无误后选择“执行”(R)按钮,在系统提示下操作。
(3)存期有 1 年(301)、3 年(303)、6 年(306)供选择,注意:第一位数字是“年”的标志。

(四)界面操作

(1)客户号:普通客户号。
(2)存折号:普通存折(号码)。

(3)重复存折号:再输入一遍存折号。

(4)金额:按每期额度存入(每期额度之和不超过 20 000 元)。

(5)存期:普通教育储蓄存期有 1 年、3 年、6 年,下拉箭头选择。

(6)交易密码要求准确输入。

(7)执行后记下所生成的账号(图 4-23)。

图 4-23 普通教育储蓄(开账户)界面

二十四、普通教育储蓄存款

(一)业务流程

(1)审核客户的存折是否为本行签发,是否漏存。

(2)点收现金。

(3)选择"普通教育储蓄存款"交易进行系统操作。

(4)打印存款凭条和教育储蓄存折,将存款凭条交给客户签名确认。

(5)审核客户签名无误后,将教育储蓄存折连同客户联存款凭条一并交给客户。

(6)将留存银行的存款凭条盖章并保存。

(二)系统界面的进入

在主界面下选择:个人储蓄—教育储蓄—普通教育储蓄存款

(三)操作说明

(1)输入账号、存折号、货币、交易码、金额。

(2)检查无误后选择"执行"(R)按钮,在系统提示下操作。

(3)注意事项:当账号、存折号、货币和交易码输入完毕后,光标移到下一个输入框时,系统自动在窗口的上半部分显示出该客户的详细信息,包括账号、凭证号、户名、业务品种、货币、余额、账户状态、开户方式、起息日、到息日、存期、通存通兑、存取间隔、应付利息。

（四）界面操作

（1）账号：开户时所生成的账号。

（2）存折号：开户时所使用的普通存折号。

（3）金额：按每期额度存入（每期额度之和不超过 20 000 元）（图 4-24）。

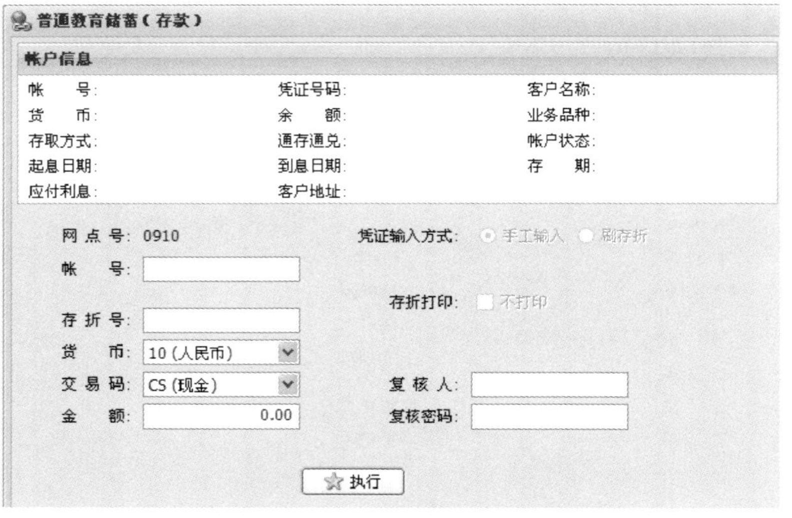

图 4-24 普通教育储蓄（存款）界面

二十五、普通教育储蓄销户

（一）业务流程

（1）审核客户教育储蓄存折是否为本行签发，身份证件是否合法有效，是否有正在接受非义务教育的“证明”。

（2）在系统选择“普通教育储蓄销户”交易进行操作。

（3）打印存折、销户凭证和一式两联利息清单，取款凭条和利息清单交给客户。

（4）请客户审核凭条和利息清单内容，签名确认后交回。

（5）柜员审核客户签名无误，配付现金连同客户联销户凭证、利息清单一并交给客户。

（6）在教育储蓄存折上加盖“结清”“附件”章，并剪角破坏磁条。

（7）将留存银行的各类凭证盖章保存。

（二）系统界面的进入

在主界面下选择：个人储蓄—教育储蓄—普通教育储蓄销户

（三）操作说明

（1）输入账号、存折号、有无证明、货币、交易码、金额、交易密码、证件类别、证件号码、摘要。

（2）检查无误后选择“执行”（R）按钮，在系统提示下操作。

（3）金额为全部余额。

(4)注意事项：当账号、存折号、货币和交易码输入完毕后，光标移到下一个输入框时，系统自动在窗口的上半部分显示出该客户的详细信息，包括账号、凭证号、户名、业务品种、货币、余额、账户状态、开户方式、起息日、到息日、存期、通存通兑、存取间隔、应付利息。

(四)界面操作

(1)账号：普通教育储蓄开户时所生成的账号(可查询)。

(2)存折号：开户时所使用的普通存折号。

(3)金额：为账户全部余额(界面信息中有显示)。

(4)交易密码、证件号码要求准确填写(图 4-25)。

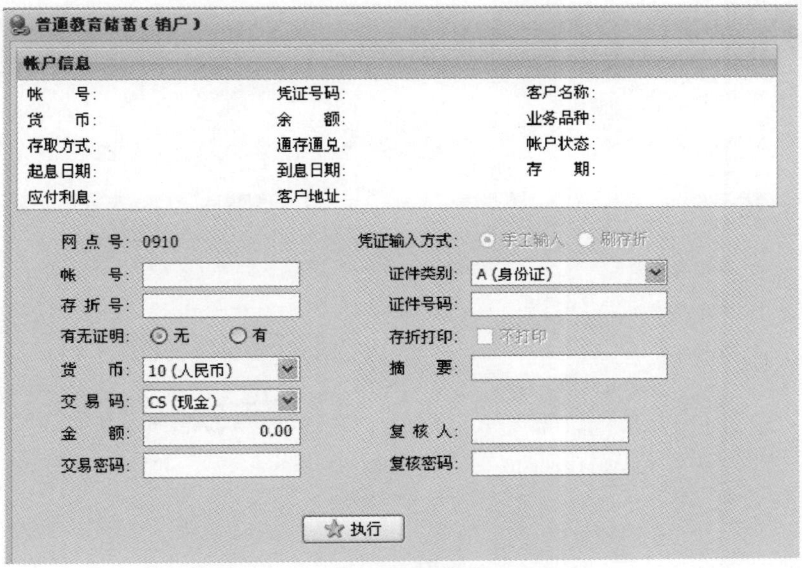

图 4-25 普通教育储蓄(销户)界面

二十六、一卡通教育储蓄开账户

(一)业务流程

(1)审核客户填写的一卡通教育储蓄开户申请表和身份证件，注意客户填写的存期。

(2)点收现金，要在监控设备和客户视线范围内清点。

(3)进行系统操作，选择“一卡通教育储蓄开账户”进行操作。

(4)打印存款凭条，并由客户签字。

(5)签字确认无误后，将一卡通交给客户。

(6)将留存银行的存款凭条盖章保存，并登记开销户登记簿。

(二)系统界面的进入

在主界面下选择：个人储蓄 — 教育储蓄 — 一卡通教育储蓄开账户

(三)操作说明

(1)凭证类型一定是一卡通，不可填错，否则会默认为一本通。

(2)客户号为一卡通客户号,当客户号填写完毕后,上方账号信息会自动出现。
(3)按每期额度存入(每期额度之和不超过 20 000 元)。
(4)存期有 1 年(301)、3 年(303)、6 年(306)供选择,注意:第一位数字是"年"的标志。

(四)界面操作

(1)凭证类型:一卡通。
(2)客户号:一卡通客户号。
(3)凭证号码:一卡通凭证号码。
(4)金额:按每期额度存入(每期额度之和不超过 20 000 元)。
(5)存期:可选择 1 年、3 年、6 年。
(6)注意:账号要记下来,以备后面使用(图 4-26)。

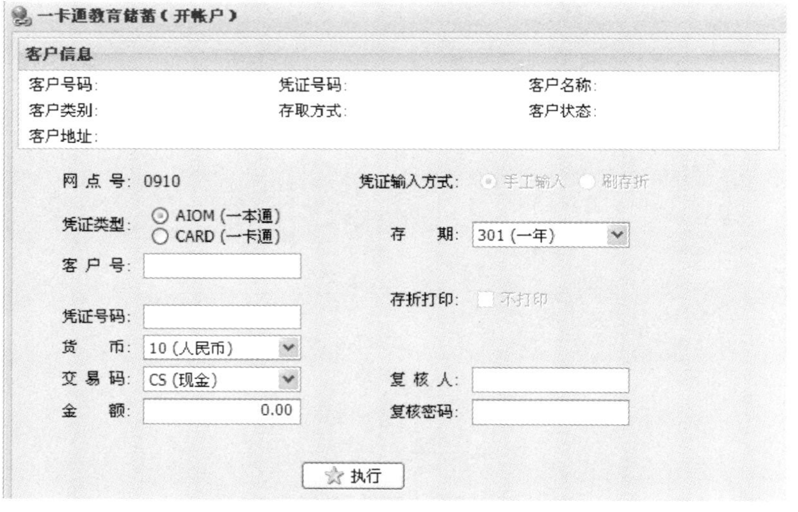

图 4-26 一卡通教育储蓄(开账户)界面

二十七、一卡通教育储蓄存款

(一)业务流程

(1)审核客户的银行卡是否为本行签发,是否漏存。
(2)点收现金。
(3)选择"一卡通教育储蓄存款"交易进行系统操作。
(4)打印存款凭条,将存款凭条交给客户签名确认。
(5)审核客户在存款凭条签名无误后,将一卡通连同客户联存款凭证交给客户。
(6)将留存银行的存款凭条盖章保存。

(二)系统界面的进入

在主界面下选择:个人储蓄—教育储蓄—一卡通教育储蓄存款

（三）操作说明

（1）凭证类型一定是一卡通，不可填错，否则会默认为一本通。

（2）客户号为一卡通客户号，当客户号和子户号填写完毕后，上方账号信息会自动出现。

（3）按每期额度存入（每期额度之和不超过 20 000 元）。

（四）界面操作

（1）凭证类型：一卡通。

（2）客户号、凭证号与“开账户”同。

（3）子户号：一卡通教育储蓄账号的后 5 位数字。

（4）金额：按每期额度存入（每期额度之和不超过 20 000 元）（图 4-27）。

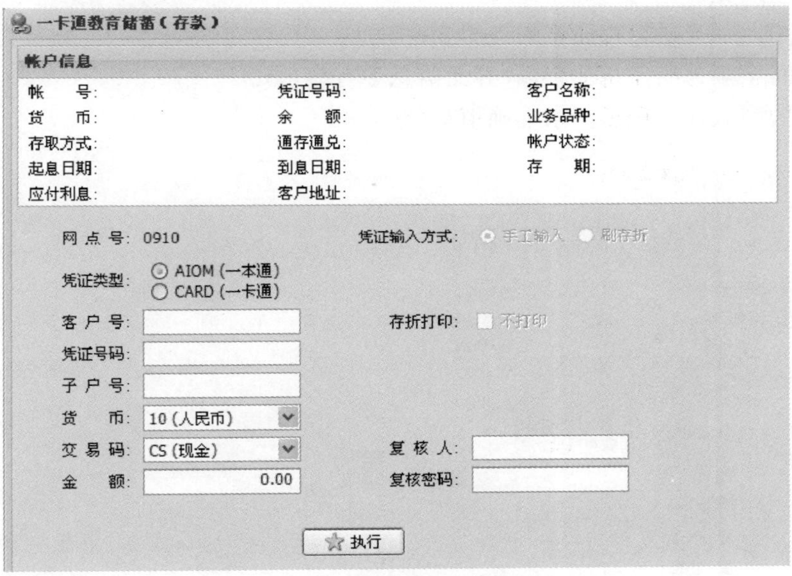

图 4-27　一卡通教育储蓄（存款）界面

二十八、一卡通教育储蓄销户

（一）业务流程

（1）柜员审核客户提交的教育储蓄银行卡是否为本行签发、是否已到期，如果是提前支取还需要审核客户身份证件且只能全部支取。

（2）刷卡进入业务系统选择“一卡通零存整取销户”进行操作。

（3）打印销户凭证和一式两联利息清单交给客户签名确认。

（4）柜员审核客户签字无误后，配付现金和利息，连同客户联利息清单和销户凭证一并交给客户。

（5）将留存银行的销户凭证、利息清单盖章保存并收回一卡通。

（6）登记开销户登记簿。

（二）系统界面的进入

在主界面下选择：个人储蓄—教育储蓄—一卡通教育储蓄销户

（三）操作说明

（1）凭证类型一定是一卡通，不可填错，否则会默认为一本通。
（2）客户号为一卡通客户号，当客户号和子户号填写完毕，上方账号信息会自动出现。
（3）金额应为账户的全部余额。其他项全部填写完毕，执行操作，销户完成。

（四）界面操作

（1）凭证类型：一卡通。
（2）客户号、凭证号与“开账户”时同。
（3）子户号：一卡通教育储蓄账号后 5 位数字。
（4）金额：金额为账户全部余额（界面信息中有显示）。
（5）交易密码、证件号码要求准确填写（图 4-28）。

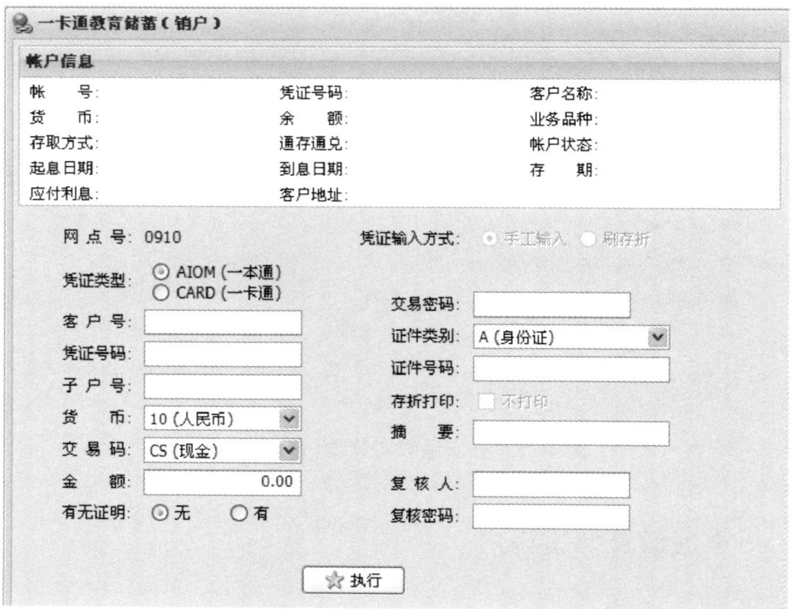

图 4-28 一卡通教育储蓄(销户)界面

模块5 储蓄特殊业务

[知识要点] 掌握凭证的更换、挂失、解挂、通用记账、账户及交易维护等业务处理。理解商业银行个人业务处理的业务规范和操作流程。

[操作要点]

1. 一卡通换凭证
2. 一卡通挂失
3. 一卡通解挂(不换凭证)
4. 一卡通解挂换凭证
5. 一卡通密码修改
6. 换存折
7. 换存单
8. 凭证挂失
9. 凭证解挂(不换凭证)
10. 凭证解挂(换存折)
11. 凭证解挂(换存单)
12. 账户密码修改
13. 表内通用记账
14. 表外通用记账
15. 私人客户维护
16. 表内账户信息维护
17. 表外账户信息维护
18. 账户部分冻结
19. 账户部分解冻
20. 冲账
21. 冲销户
22. 重要空白凭证调配

5.1 特殊业务基础知识

一、挂失基础知识

(1)储户遗失存单、存折、借记卡、印鉴、账户密码、个人支票均可到原储蓄机构挂失。

(2)储户办理存单(折)、借记卡挂失时,必须持本人身份证件办理;如委托他人办理,必须同时提供存款人和代理人身份证件,但密码挂失不能委托他人代办。

(3)银行根据储户提供的资料,确认存款未被支取、未被冻结后,方可受理申请。

(4)对挂失金额较大的客户(由各省行自定),要复印其身份证件作附件备查。

(5)储户在特殊情况下,以口头、电话、电报、信函等方式申请的挂失,均视为临时挂失,储户必须在办理临时挂失后的5天内,到原开户行办理正式挂失手续,否则临时挂失将失效,临时挂失不收取手续费。

(6)储户遗失存单(折)时,必须出示本人有效身份证件,并提供户名、存款时间、种类、金额、账号及住址等有关情况，到开户储蓄所书面申请挂失，银行审核后，经查实该笔存款确未支付时，方可受理挂失申请，否则不能办理。

二、存折挂失的操作要点

1. 柜员审核资料

如果客户办理临时挂失时需填“挂失止付单”，客户通过函电办理临时挂失的，可由柜员代填“挂失止付单”，但客户必须在 5 日内前来银行在“挂失止付单”上补签字。办理了临时挂失的客户必须在 5 日内持身份证件到原开户网点办理正式挂失手续。存折挂失可由他人代为办理。

2. 储户填写挂失申请书

储户填写一式三联挂失申请书，代办挂失要同时填写两个人的资料，必须在挂失申请书上签字。

3. 办理正式挂失手续

柜员审核客户所有资料无误后，选择“挂失处理”交易在系统进行操作(需要主管授权)，客户需要输入存折密码。各联挂失申请书加盖业务公章、柜员名章、主管名章，第一联由银行网点专夹保管，第二联做挂失凭证的附件，第三联交给客户凭以办理补发存折或支付现金。柜员填制收费凭证收取挂失手续费，会计分录为：

借：库存现金

　　贷：手续费收入——挂失手续费收入

4. 登记“挂失登记簿”

三、补发存折或取现的规定

(1)储户挂失存折后必须于 7 天后的 30 天内，持挂失申请书及本人有效身份证件，到原开户网点办理补发存折或取现手续，而且必须由原存款人办理，他人不得代办。

(2)储户办理存折挂失后，在挂失的 7 天内又找到原存折的，可以要求撤销挂失。撤销挂失由储户本人或原代办人持有效身份证件和原挂失第三联挂失申请书到原挂失网点办理。

(3)挂失人致函要求撤销挂失申请的，银行不予受理。撤销挂失后，已收的手续费不退还储户。凡 7 天后已经办理挂失结清手续的，储户找回的原存单(折)一律作废，并应及时交回银行注销。

四、存款冻结基础知识

(1)人民法院、检察院和公安机关以及有明文规定的部门，在侦察、审理案件中，发现当事人存款与案件直接有关，要求冻结时，必须由县级以上的检察院和公安机关提出正式的《协助冻结存款通知书》。

(2)冻结的期限最长不超过 6 个月，有特殊原因需要延长的，应在冻结期满前重新办理冻结手续。逾期未重新办理冻结手续的，视为自动撤销冻结。解除冻结时应由原通知单位提出正式的“解除冻结存款通知书”。

5.2 特殊业务实务操作

一、一卡通换凭证

（一）相关规定

所谓一卡通换凭证是指储户的一卡通因损坏或信息有误而不能再继续使用，要求更换新一卡通的业务。具体情况如下：

（1）卡片丢失、损坏。①本人持身份证（代办人持代办人身份证和丢卡人身份证）到银行就近网点办理缴费业务，银行打印缴费凭证。②本人持身份证（代办人持代办人身份证和丢卡人身份证）和银行提供的缴费凭证，到一卡通服务中心办理补卡手续。

（2）卡片信息有误。本人持身份证（代办人持代办人身份证和坏卡人身份证）和信息有误的卡片，到一卡通服务中心办理换卡手续。

（二）业务流程

（1）在业务系统选择"一卡通换凭证"交易。

（2）提示客户输入密码。

（3）柜员输入存款余额和新卡号码并核对新一卡通密码。

（4）旧一卡通必须收回并剪角破坏磁条。

（5）在登记簿上进行登记。

（三）系统界面的进入

在主界面下选择：个人储蓄 — 一卡通 — 一卡通换凭证

（四）操作说明

录入要素为"账号""原卡号""新卡号""证件类别""证件号"，其中"证件类别"与凭证挂失中的"证件类别"相同。

（五）界面操作

（1）凭证类别：一卡通。

（2）客户号：一卡通客户号。

（3）原凭证号：开一卡通客户号时使用的凭证号。

（4）替换凭证号：一张未使用的一卡通凭证（号码）。

（5）重复替换凭证号：再输入一遍替换凭证号。

（6）密码和证件号码要求准确填写（图 5-1）。

图 5-1 换一卡通凭证界面

二、一卡通挂失

(一)相关规定

客户将一卡通丢失,一时无法找到,为了避免损失,暂时到银行要求关闭账户。若事后找到,即可解挂,若无法找回,可以更换新的一卡通。

近年来,随着银行卡种类不断增多,银行卡服务功能的增强,人们外出使用银行卡购物、消费已经成了一种习惯。万一遇到银行卡丢失,该怎么办呢?其实各家银行对于挂失手续的规定存在细微差异,包括口头挂失条件、口头挂失有效期等。口头挂失时,需要核对卡主的身份证号、开户日期、余额等资料,有效期 5 天。即挂失的当天为第一天,到第六天的零点止。比如 18 日挂失,到 24 日零点,中间这段时间为口头挂失有效期。过了 24 日零点,便会自动“解挂”。这时,需要本人在 24 日零点以前去开户行进行书面挂失,带上身份证原件、半年有效期的临时身份证、护照中的任何一个证件都可以。

(二)业务流程

(1)储户填写挂失申请书。

(2)柜员审核挂失申请书及身份证件。

(3)审核客户所有资料无误后,选择“一卡通挂失”交易系统进行操作。

(4)登记“挂失登记簿”。

(三)系统界面的进入

在主界面下选择:个人储蓄—一卡通—一卡通挂失

(四)操作说明

“凭证类型”选择一卡通,否则会默认为一本通,“客户号”和“凭证号码”输入后,上方客户信息会自动出现,“证件类别”和“证件号码”为必填项,挂失种类有书面挂失、口头挂失和密码挂失三个选项。口头挂失需要核对卡主的身份证号、开户日期、余额等资料，同时要注意口头挂失有效期为 5 天。

(五)界面操作

(1)凭证类别：一卡通。

(2)客户号：一卡通客户号。

(3)凭证号码：必须是开立账户时使用的凭证号，而且账户状态正常。

(4)证件号码：要求准确填写。

(5)挂失种类：一般为书面挂失或密码挂失(图 5-2)。

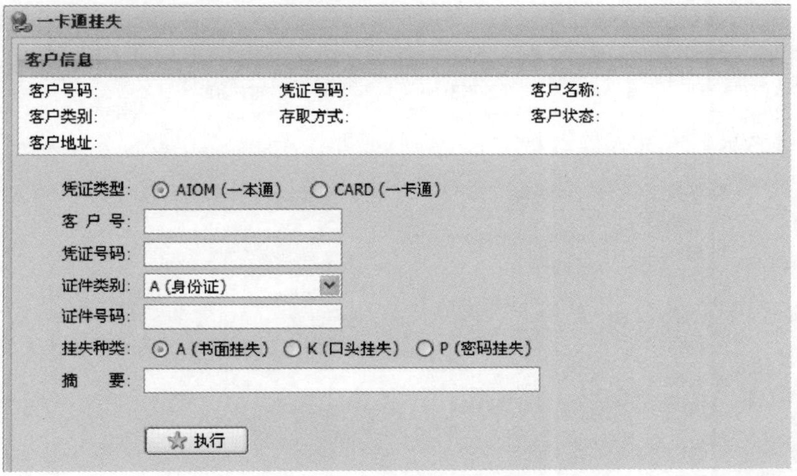

图 5-2 一卡通挂失界面

三、一卡通解挂(不换凭证)

(一)相关规定

当客户要求一卡通解挂时，往往是已经丢失的一卡通已经找到，还可以继续使用，不需要更换，这种情况一般是当天就可以实行解挂。7 天后到开户行办理解挂重置密码就可以了。目前网上还不能办理解挂手续，原因是无法核对客户身份。

(二)业务流程

(1)储户填写解挂申请书。

(2)柜员审核挂失解挂申请书及其身份证件。

(3)审核客户所有资料无误后，选择“一卡通解挂”交易系统进行操作。

(4)销记“挂失登记簿”。

(三)系统界面的进入

在主界面下选择：个人储蓄—一卡通—一卡通解挂(不换凭证)

(四)操作说明

“凭证类型”选择一卡通，否则会默认为“一本通”，“客户号”输入后，上方客户信息会自动出现，凭证号不必刻意记忆，抄写填入即可，“新密码”“证件类别”和“证件号码”为必填项。

（五）界面操作

（1）凭证类型：一卡通。

（2）客户号：一卡通客户号。

（3）凭证号：与挂失凭证相同。

（4）新密码：必须输入密码。

（5）证件号码要求准确填写（图 5-3）。

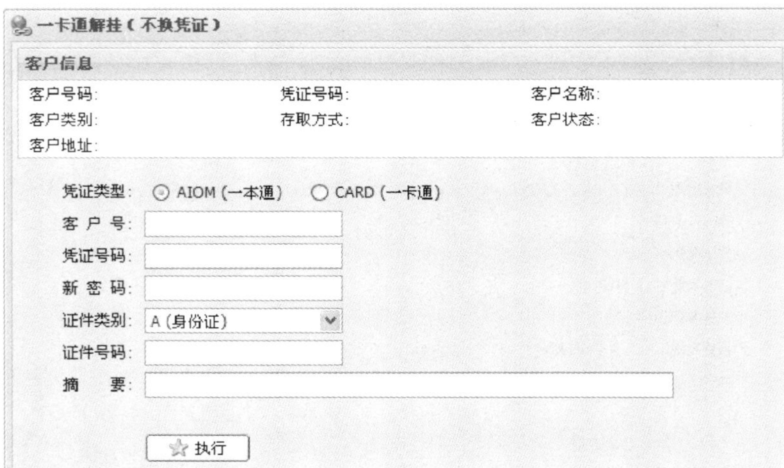

图 5-3 一卡通解挂（不换凭证）界面

四、一卡通解挂（换凭证）

（一）相关规定

一卡通解挂（换凭证）是更换凭证的解挂方式，一般情况下是客户已经丢失的一卡通无法找回，必须更换新的一卡通。这种情况一般自挂失日起 7 天后携带本人身份证和挂失凭证到开户行或挂失行办理解挂，然后重置密码就可以了。

（二）业务流程

（1）储户填写解挂申请书并填写相关资料。

（2）柜员审核解挂申请书及其身份证件。

（3）审核客户所有资料无误后，选择“一卡通解挂（换凭证）”交易系统进行操作。

（4）销记“挂失登记簿”。

（三）系统界面的进入

在主界面下选择：个人储蓄—一卡通—一卡通解挂（换凭证）

（四）操作说明

“凭证类型”选择一卡通，否则会默认为“一本通”，客户号输入后，上方客户信息会自动出现,“凭证号”不必刻意记忆,抄写填入即可,因为更换凭证,所以在“替换凭证”一项填写新的凭证号码,“证件类别”和“证件号码”为必填项。

(五)界面操作

(1)客户号:必须是已经挂失的一卡通客户号。

(2)凭证号码:刚刚挂失的凭证号码。

(3)替换凭证号:新凭证号码,一卡通凭证。

(4)重复替换号:再输入一遍替换凭证号。

(5)证件类别、证件号码要求准确输入。

(6)一卡通解挂(换凭证)需要7个工作日后才能完成(图5-4)。

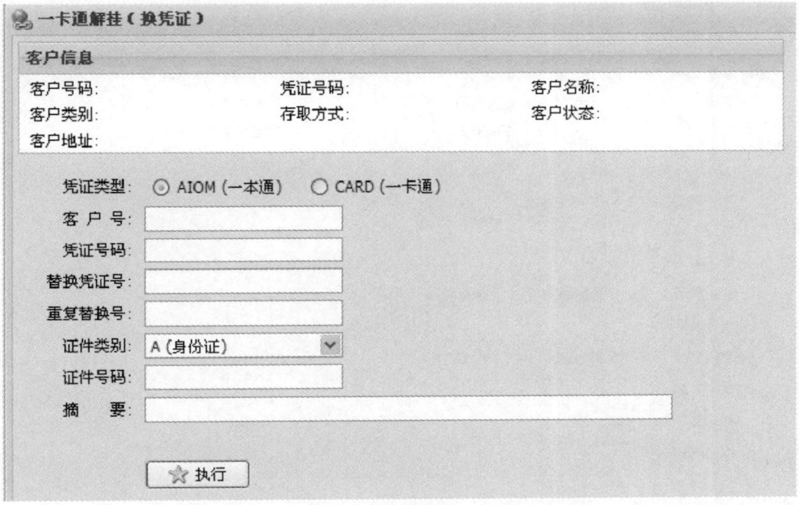

图5-4 一卡通解挂(换凭证)界面

五、一卡通密码修改

(一)相关规定

客户需要修改卡密码目前有三种途径:一是通过ATM机和多功能终端,按提示操作修改;二是持卡人可以到银行营业柜台,在营业员的帮助下进行修改;三是持卡人可以拨打银行卡所属行的客户服务热线,通过语音提示操作即可完成修改。

(二)业务流程

(1)银行柜员审核客户身份证件。

(2)刷卡进入一卡通密码修改系统。

(3)客户输入旧密码,更改新密码。

(4)客户也可通过ATM机自己修改。

(三)系统界面的进入

在主界面下选择:个人储蓄—一卡通—一卡通密码修改

(四)操作说明

“凭证类型”选择一卡通,否则会默认为“一本通”,客户号输入后,上方客户信息会自动出现,“凭证号”不必刻意记忆,抄写填入即可,“密码种类”“旧密码”“新密码”“证件类别”“证件号码”为必填项。

(五)界面操作

(1)客户号、凭证号填写一卡通号。

(2)密码种类:交易密码或查询密码任选其一。

(3)老密码、新密码必须准确填写,特别是老密码必须正确。

(4)证件号码:要求准确输入(图 5-5)。

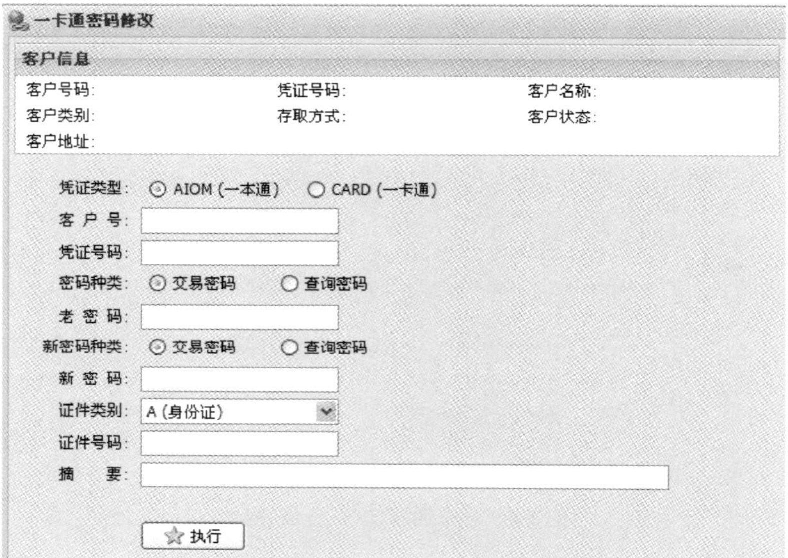

图 5-5 一卡通密码修改界面

六、换存折

(一)相关规定

换存折是指旧的存折已经用完或消磁,不能再继续使用而更换新的存折;有时账户处于冻结状态,也允许做换折交易。换存折时需要本人携带身份证件,知道存折密码;代理人还需携带代理人身份证明;银行一般要收取一定的工本费。

(二)业务流程

(1)在业务系统选择“换存折”交易。

(2)刷旧存折,提示客户输入密码。

(3)输入存款余额和新存折号码并核对新存折密码。

(4)打印新存折。

(5)将新存折加盖业务公章后交给客户。

(6)旧存折银行必须收回剪角破坏磁条并加盖“换折”章。

(三)系统界面的进入

在主界面下选择：个人储蓄—凭证业务—换存折

(四)操作说明

录入要素为“账号”“原存折号码”“替换存折号”“重复”“证件类别”“证件号”，其中“证件类别”同凭证挂失。

(五)界面操作

(1)账号：必须为普通活期储蓄账号且未销户。

(2)原存折号：开账户时所使用的存折(号码)。

(3)替换存折号：一张新的普通存折(号码)。

(4)密码：要求准确输入。

(5)证件类别：身份证。

(6)证件号码：要求正确填写本人身份证号(图 5-6)。

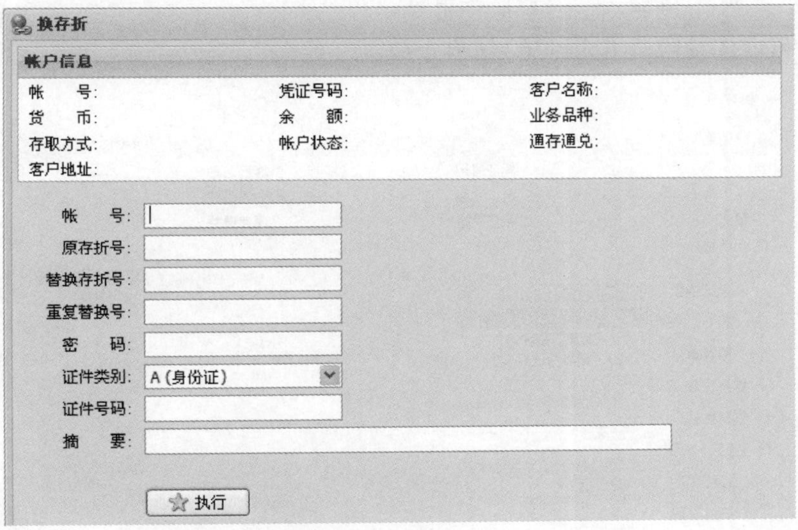

图 5-6 换存折界面

七、换存单

(一)相关规定

换存单指储户未到期的存单需要部分提前支取或旧的存单因损坏而不能再继续使用，银行为客户更换新存单的业务。更换新存单需要客户提供身份证明和存单密码。

(二)业务流程

(1)在业务系统选择“换存单”交易。

(2)更换新的存单，输入存款余额和新存折号码。

(3)提示客户输入新存单密码。

(4)将新存单加盖业务公章后交给客户。

(5)旧存单银行必须收回统一处理。

(三)系统界面的进入

在主界面下选择:个人业务—凭证业务—换存单

(四)操作说明

录入要素为"账号""原存单号""替换存单号""重复""证件类别""证件号",其中"证件类别"同凭证挂失。

(五)界面操作

(1)换存单是指更换定期存单(主要包括整存整取存单、大额双整存单、定活两便存单)。

(2)账号:从整存整取存单、大额双整存单、定活两便存单中选择。

(3)原存单号:已经使用的正在存款中的定期存单。

(4)替换存单号:换用一张新的存单号。

(5)重复替换号:再输入一遍替换存单号。

(6)密码、证件号码要求正确填写(图 5-7)。

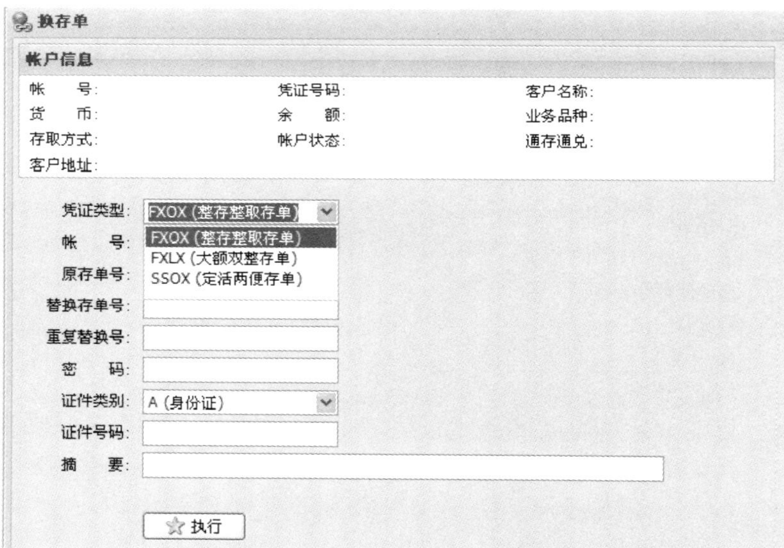

图 5-7　换存单界面

八、凭证挂失

(一)相关规定

储户遗失存单、存折的,必须立即持本人身份证明,并提供储户的姓名、开户时间、储蓄种类、金额、账号及住址等有关情况,向其开户的储蓄机构书面申请挂失。在特殊情况下,储户可以用口头或者函电形式申请挂失,但必须在 5 天内补办书面申请挂失手续。储蓄机构受理挂失后，必须立即停止该存款账户的支付业务；受理挂失前该储蓄存款已被他人支取的，储蓄机构不负赔偿责任。凭证挂失和一卡通挂失在业务流程上类似，其业务流程不再赘述。

（二）系统界面的进入

在主界面下选择：个人储蓄—凭证业务—凭证挂失

（三）操作说明

（1）录入要素为“账号”“凭证类别”“挂失种类”。

（2）“账号”必须是本部门对私账户，录入后回车，系统将检索输出对应的账户名称。

（3）“凭证类别”同凭证出售。

（四）界面操作

（1）凭证类型：挂失的凭证可在整存整取存单、定活两便存单、普通存折中任选。

（2）账号：挂失凭证所在的账户。

（3）证件号码：要求准确填写。

（4）挂失种类：书面挂失（图 5-8）。

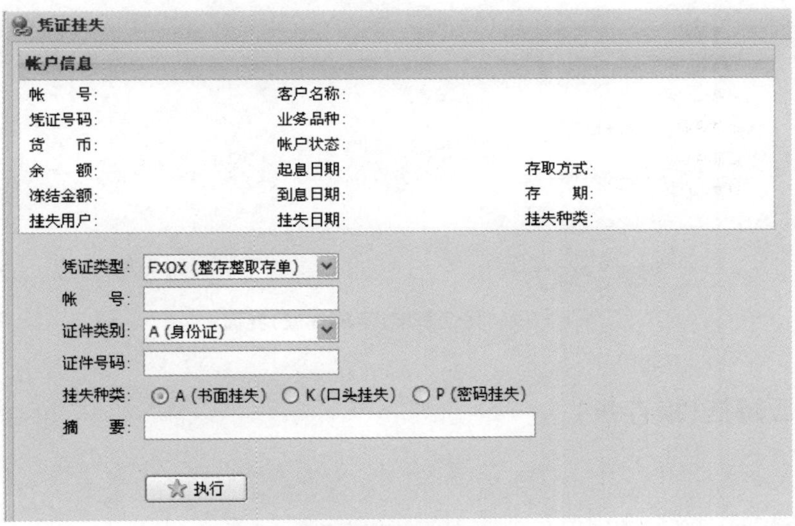

图 5-8 凭证挂失界面

九、凭证解挂（不换凭证）

（一）相关规定

储户已挂失的凭证，在挂失期内找到的，在挂失客户知道密码的前提下，可以到银行办理该业务。凭证解挂与一卡通解挂（不换凭证）在业务流程上类似，其业务流程不再赘述。

（二）系统界面的进入

在主界面下选择：个人储蓄—凭证业务—凭证解挂（不换凭证）

（三）操作说明

（1）录入要素为“账号”“凭证类别”“新密码”。

（2）“账号”必须是本部门账户，录入后回车，系统将检索输出对应的账户名称。

（3）“凭证类别”同凭证出售。

（四）界面操作

（1）凭证类型：挂失的凭证可在整存整取存单、定活两便存单、普通存折中任选。

（2）账号：解挂凭证所在的账户。

（3）新密码：客户重新设置密码。

（4）证件号码要求准确输入（图 5-9）。

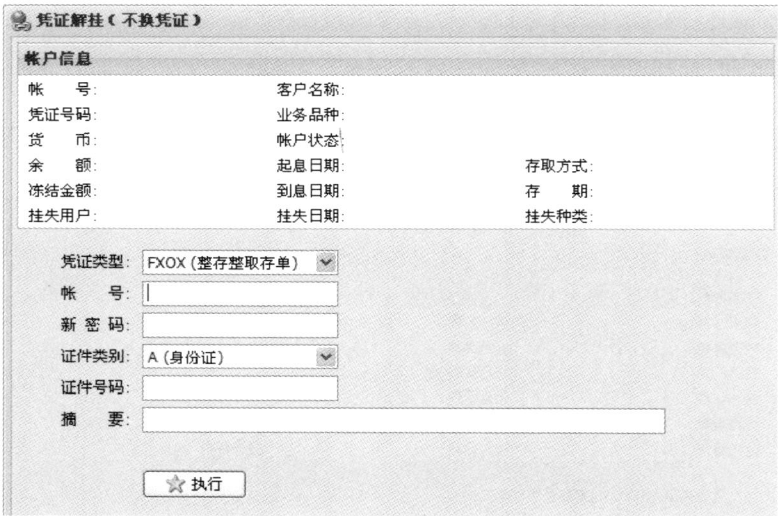

图 5-9　凭证解挂（不换凭证）界面

十、凭证解挂（换存折）

（一）相关规定

（1）旧存折银行必须收回剪角破坏磁条并加盖“换折”章。

（2）凭密码支取的存折在换存折时需要核对密码。

（3）账户在冻结状态下允许做换折交易。

（4）储户办理存折挂失后，在挂失的 7 天内又找到原存折的，可以要求撤销挂失。撤销挂失由储户本人或原代办人持有效身份证件和原挂失第三联挂失申请书到原挂失网点办理。

凭证解挂与一卡通解挂（换凭证）在业务流程上类似，其业务流程不再赘述。

（二）系统界面的进入

在主界面下选择：个人储蓄—凭证业务—凭证解挂（换存折）

（三）操作说明

（1）录入要素为“账号”“存折号”“证件类型”“证件号码”。

（2）“账号”必须是本部门对私账户，录入后回车，系统将检索输出对应的账户名称。

（3）“凭证类别”为身份证、护照等。

（四）界面操作

本业务是将已经挂失的普通存折解挂。（前提是已经将普通存折挂失）

（1）凭证类型：普通存折。

（2）账号：普通活期存折账号。

（3）替换存折号：一张新的（未使用的）存折号码。

（4）重复替换号：再输入一遍替换存折号。

（5）证件号码要求准确填写（图 5-10）。

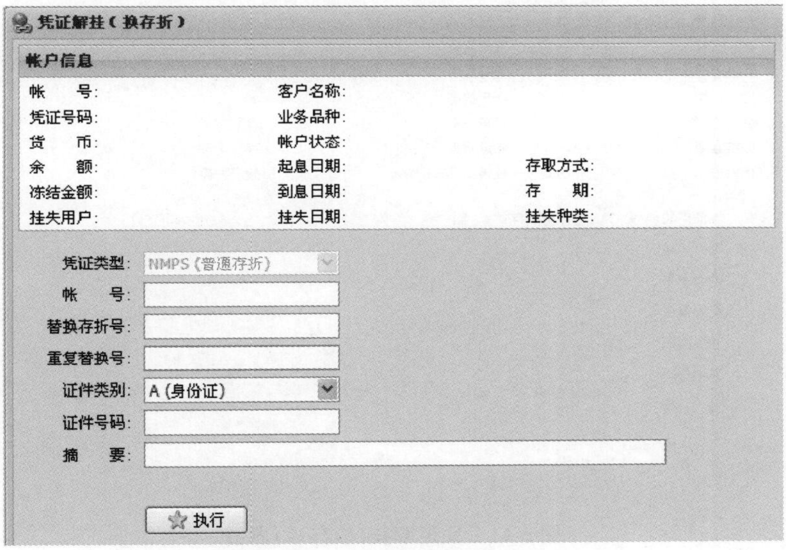

图 5-10 凭证解挂（换存折）界面

十一、凭证解挂（换存单）

（一）相关规定

储户办理存单挂失后，在挂失的 7 天内又找到原存单的，可以要求撤销挂失。撤销挂失由储户本人或原代办人持有效身份证件和原挂失第三联挂失申请书到原挂失网点办理。挂失人致函要求撤销挂失申请的，银行不予受理。撤销挂失后，已收的手续费不退还储户。业务流程不再赘述。

（二）系统界面的进入

在主界面下选择：个人储蓄—凭证业务—凭证解挂（换存单）

（三）操作说明

（1）录入要素为“账号”“存单号”“证件类型”“证件号码”。

（2）“账号”必须是本部门对私账户，录入后回车，系统将检索输出对应的账户名称。

（3）“凭证类别”为身份证、护照等。

（四）界面操作

（1）凭证类型：可选普通整存整取存单，也可选普通定活两便存单。

（2）账号：可选已经挂失的普通整存整取存单也可选普通定活两便存单。

（3）替换存单号：一张新的（未使用的）存单号码。

（4）重复替换号：再输入一遍替换存单号。

（5）证件类别要求准确填写（图 5-11）。

图 5-11　凭证解挂（换存单）界面

十二、账户密码修改

（一）相关规定

（1）客户为保证账户资金的安全，可以定期到银行或网银办理密码修改业务。

（2）修改密码避免使用诸如身份证号或生日此类的密码。

（3）更改密码需要知道原来的密码。

（二）系统界面的进入

在主界面下选择：个人储蓄—凭证业务—账户密码修改

（三）操作说明

（1）录入要素为“账号”“新密码”“证件类型”“证件号码”。

（2）“账号”必须为本部门账号。

(四)界面操作

(1)账号:可任选一未关闭(销户)的账号。

(2)老密码:准确输入原来设立的密码。

(3)新密码:输入更改后的密码。

(4)证件号码要求准确填写(图 5-12)。

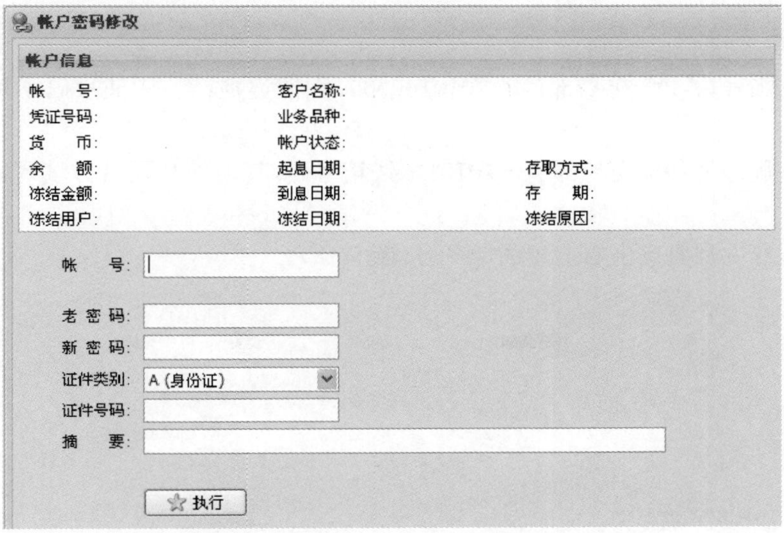

图 5-12　账户密码修改界面

十三、表内通用记账

(一)相关规定

(1)表内记账是套账,分录至少一借一贷,借贷要平衡,系统会自动判断;不平衡时,不会执行下去,应先填借方,然后点"+"录入;再填贷方,然后再点"+"录入。

(2)表内记账是在系统没有提供相应的业务处理时使用。

该交易用于综合类账户(内部账户)记账的业务处理。

(二)系统界面的进入

在主界面下选择:[通用模块]—[通用记账]—[表内通用记账]

(三)操作说明

(1)录入要素为"交易码""账号""凭证类别""凭证号""借贷""金额"。

(2)"交易码"包括现金交易、表外交易、转账交易必选项。

(3)录入账号后系统自动显示对应账户名称。

(4)"凭证类别"包括现金支票、转账支票、其他、普通存折、借记卡、信用卡、双整存单、定活两便存单、出入库凭证。选择一定的凭证类别(除了其他)时,必须录入相应凭证号码。

(5)选择借贷标志并分别录入借贷方金额后,界面上方出现对应记录及借贷差额,回车确认入账。

(6)“借贷差额”为零时，套账方允许提交。

(7)操作员发现已录入的记录有误时，在执行前可在上部方框中选择该记录，回车后该记录回到录入状态，可对其进行修改，或者选定记录后按 delete 键删除，再重新录入。

(8)注意事项：①表内记账是套账，分录至少一借一贷，借贷要平衡，系统会自动判断，不平衡时，不会执行下去。②表内记账是在系统没有提供相应的业务处理时使用。

(四)界面操作

(1)借方账号为：9＋交易部门＋1010100000；凭证类别：无；凭证号码不填；金额为任意金额。

(2)贷方账号为：9＋交易部门＋10101＋钱箱号码，其他填写同借方填写，金额必须同借方一致。

(3)借贷双方都要点击右上角的“＋”号(图 5-13)。

图 5-13　表内通用记账界面

十四、表外通用记账

(一)相关规定

表外通用记账用于不进行管理的重要空白凭证(除支票、单位定期存款开户证实书外)、其他表外科目记账的业务处理。银行在经办这类业务时，没有发生实际的货币收付，银行也没有垫付任何资金，但在将来随时可能因具备了契约中的某个条款而转变为资产或负债。

(二)系统界面的进入

在主界面下选择：通用模块—通用记账—表外通用记账

(三)操作说明

(1)录入要素为“账号”“账号名称”“收付”“金额”。

(2)“账号”为表外账户的内部账号,录入后回车,系统自动显示对应账户名称。

(3)“收付”包括 RV 收、PY 付。

(四)界面操作

(1)账号:9+交易部门+1078100000。

(2)收付:任选一项(收款点收,付款点付)。

(3)金额:要求准确填写(图 5-14)。

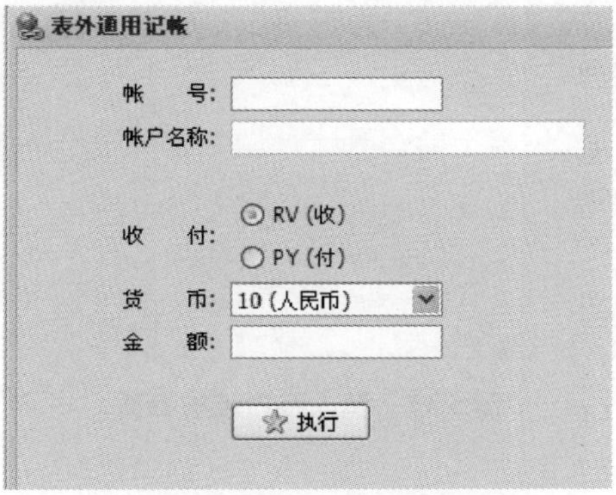

图 5-14 表外通用记账界面

十五、私人客户维护

(一)相关规定

私人客户维护是指因为客户变更自己的相关信息资料,如地址、工作单位、电话号码等情况,而对客户号进行维护更新的过程。对私人客户的维护是为了避免因为客户资料变更不能及时得到银行相关信息而造成的损失,是为客户利益,也为了便于银行管理而必须做的工作。

(二)系统界面的进入

在主界面下选择:通用模块—信息维护—私人客户维护

(三)操作说明

(1)录入“客户号”后回车,系统将输出该客户的有关信息。

(2)对客户信息进行修改后点击“执行”按钮即可。

(四)界面操作

(1)客户号:任选已开的客户号。

(2)对于工作单位、月收入、家庭电话、办公电话、传真、邮政编码、地址等发生变化的信息进行更改,以维护客户信息的真实性(图 5-15)。

图 5-15 私人客户维护界面

十六、表内账户信息维护

(一)相关规定

表内账户信息维护是指因为客户变更自己的相关信息资料,如地址、工作单位、电话号码等情况,而对客户账号信息进行维护更新的过程。输入需维护的客户账号,按回车键。系统将该客户信息显示在屏幕上。包括客户姓名、客户称谓、ID 类别、ID 号、电话(家)、电话(办公)、传真(FAX)、邮编、地址 1、地址 2、地址 3、出生日期、工作单位。

(二)系统界面的进入

在主界面下选择:通用模块—信息维护—表内账户信息维护

(三)操作说明

(1)"账号"为本部门表内账号,录入后回车,系统将输出该账户的有关信息。

(2)可对"账户名称""通存通兑标志""自动转存标志""最低余额""透支额度""账户标志"进行维护。

(3)"账户标志"的维护不能与系统已有的基本户重复。

(4)本交易属于特殊业务需授权。

(四)界面操作

(1)账号:为普通活期存折账号,必须是未销户。

(2)修改更新相关信息(图 5-16)。

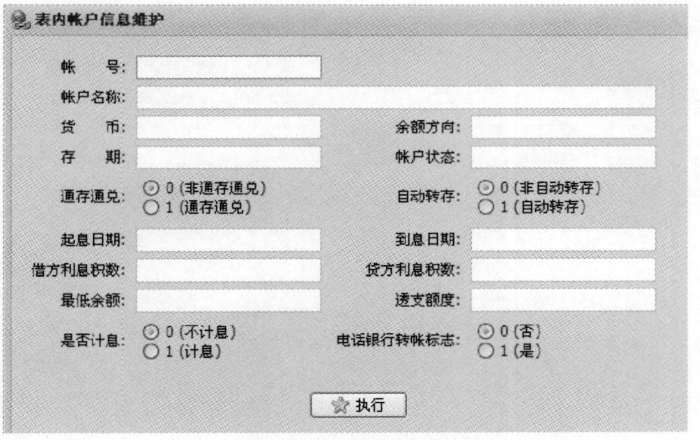

图 5-16　表内账户信息维护界面

十七、表外账户信息维护

（一）相关规定

输入需维护的表外账号，按回车键，系统将该表外账户信息显示在屏幕上。包括账户名称、部门、科目、业务代码、币种、联机余额、账户余额、上日余额、上年余额、开户用户、开户日、起息日、销户用户、销户日、账户状态。将光标移到需要修改的项目输入框上进行修改，确认无误后，选择“执行”按钮。

（二）系统界面的进入

在主界面下选择：通用模块—信息维护—表外账户信息维护

（三）操作说明

(1)“账号”必须是本部门的表外账号，录入后回车，系统将输出该账户的有关信息。

(2)只能维护“账户名称”。

（四）界面操作

(1)账号为 9＋交易部门＋1078100000。

(2)必须修改一项内容（图 5-17）。

十八、账户部分冻结

（一）相关规定

(1)人民法院、检察院和公安机关以及有明文规定的部门，在侦察、审理案件中，发现当事人存款与案件直接有关，要求冻结时，必须由县级以上的检察院和公安机关提出正式的“协助冻结存款通知书”。

(2)冻结的期限最长不超过 6 个月，有特殊原因需要延长的，应在冻结期满前重新办理冻结手续。逾期未重新办理冻结手续的，视为自动撤销冻结。解除冻结时应由原通知单位提出正式的“解除冻结存款通知书”。

图 5-17 表外账户信息维护界面

(3)基本要点:①有关部门证件、证明、冻结通知书。②柜员审核证件、证明和冻结通知书。③主管领导(行长或主任)在冻结通知书上签名审批。④柜员审核主管签名无误后,办理冻结手续并交回执给冻结部门。

(二)系统界面的进入

在主界面下选择:通用模块—账户维护—账户部分冻结

(三)操作说明

(1)录入要素为“账号”“冻结截止日”“冻结金额”“冻结原因”“ID 类别”“ID 号”“摘要”。

(2)“账号”必须是本部门存款账户,为必输项。

(3)“冻结金额”必须小于或等于账面余额,多次部分冻结,冻结金额累加,为必输项。

(4)“冻结原因”包括 A 书面冻结、B 立案冻结、C 抵押冻结、D 待处理错账、E 其他冻结、F 信用卡冻结。

(5)“ID 类别”为冻结执行人的证件,包括身份证、护照、营业执照等。

(6)“摘要”处录入冻结执行部门或其他备注事项。

(7)部分冻结的账户,到期后系统进行自动解冻。

(四)界面操作

(1)账号:为一卡通或普通活期账号,不能选择已关闭的账号。

(2)冻结金额:账户信息中显示余额的一部分(不能是全部金额)。

(3)冻结原因:可选书面冻结,也可以选择其他冻结方式。

(4)“证件类别”和“证件号码”要求准确填写。

注意:后面的“账户冻结”与“账户部分冻结”相同(图 5-18)。

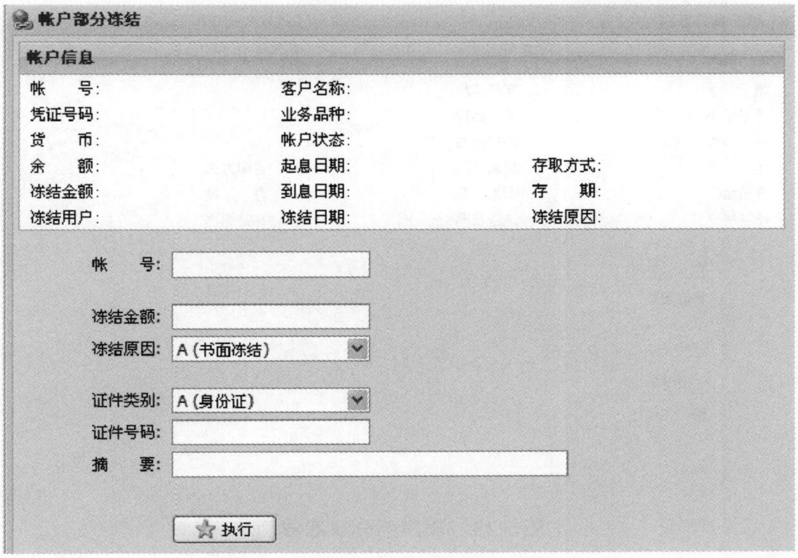

图 5-18 账户部分冻结界面

十九、账户部分解冻

(一)相关规定

(1)冻结的期限超过 6 个月,无特殊原因需要延长期限的,撤销冻结。

(2)解除冻结时应由原通知单位提出正式的“解除冻结存款通知书”。

(二)系统界面的进入

在主界面下选择:通用模块—账户维护—账户部分解冻

(三)操作说明

(1)录入要素为“账号”“解冻金额”“证件类别”“证件号”“摘要”。

(2)“账号”必须是本部门已部分冻结的账户,为必输项。

(3)“解冻金额”必须等于该账户部分冻结时的冻结金额。如果屏幕上方账户信息中的“冻结金额”为累加金额,则解冻必须分次进行,分别录入每次部分冻结的金额。

(4)“证件类别”为解冻执行人的证件类别,包括身份证、护照、营业执照等。如果选择了“证件类别”,则必须录入对应“证件号”。

(5)“摘要”处录入其他备注事项。

(四)界面操作

(1)账号:必须填写已经冻结的账户号,即“账户部分冻结”的账号。

(2)解冻金额:根据“账户信息”冻结金额填写,注意不能超过已有的冻结金额。

(3)证件号码:要求准确填写(图 5-19)。

注意:账户解冻同账户部分解冻,不再赘述。

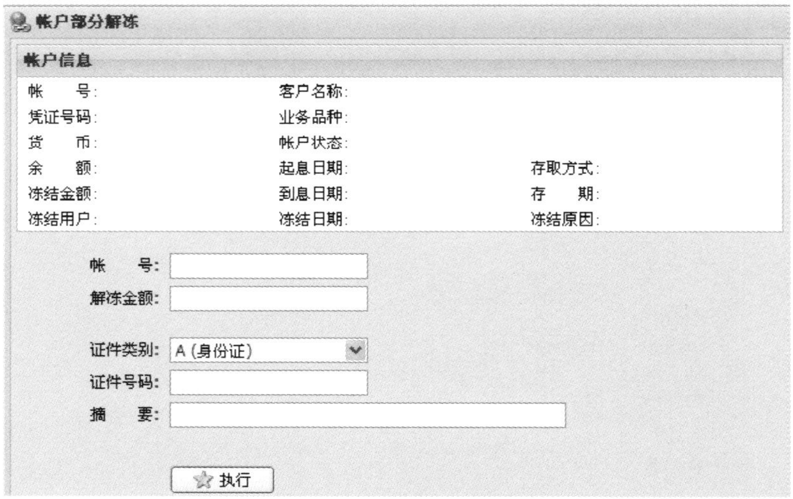

图 5-19 账户部分解冻界面

二十、冲账

(一)相关规定

客户前来银行办理业务,柜员由于操作失误导致记账错误时,错账不允许抹账,必须通过冲账交易来完成,否则无法平账。银行柜员从“交易查询”中查询到此笔交易的流水号,在“交易维护”中进行冲账处理,冲账后,此笔交易将被取消。

冲账前需要有一笔错账,所以需要在普通活期储蓄业务中先做一笔存款业务,然后再把这笔业务冲掉。具体操作:在主界面“个人储蓄的普通活期存款”处,输入账号、存折号、金额等相关内容,执行后,在“通用模板—交易维护—冲账”输入相关内容,完成冲账的操作。

(二)系统界面的进入

在主界面下选择:通用模块—交易维护—冲账

(三)操作说明

(1)录入“错账日期”和“流水号”并回车,系统将检索输出该业务记录的有关信息,操作员将其与实际账务信息核对,确认无误后方可确认执行。其中“流水号”为错账的交易流水。

(2)系统自动调整账户的利率积数。若因余额不足、积数无法调整等情况,系统将予以提示,必须进行手动调整积数或暂时不进行冲账。

(3)系统允许隔日冲账。

(4)隔日冲账交易需手动填制红字传票。

(四)界面操作

(1)冲账要求选择普通活期账户或一卡通活期账户做一笔存款业务。

(2)错账日期:当日。

(3)错账流水:存款业务系统形成的流水号(图 5-20)。

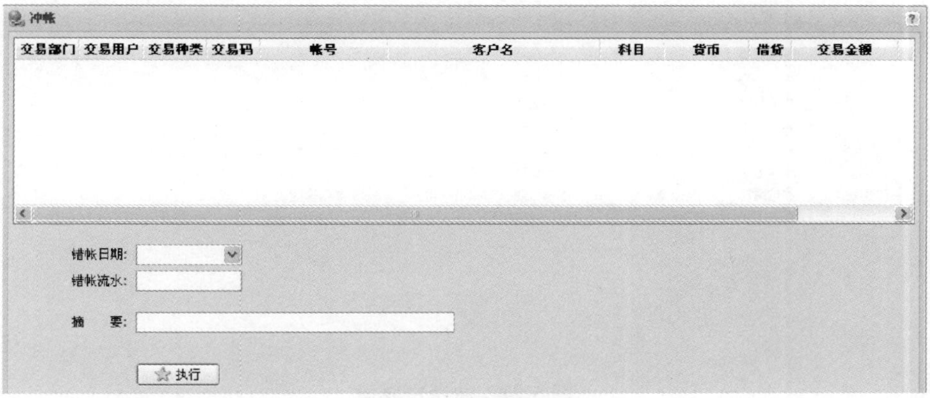

图 5-20 冲账界面

二十一、冲销户

（一）相关规定

冲销户是指在工作实践中，由于主观和客观原因，可能会出现银行柜员将客户的账号错做销户处理的现象，一旦出现此种操作失误，银行柜员最好的挽救方法就是做冲销户处理，也就是将已经关闭了的账户做重新启用的过程。目前在银行实际工作岗位中此业务很少，即使有也必须授权。

（二）系统界面的进入

在主界面下选择：通用模块—账户维护—冲销户

（三）操作说明

（1）录入“账号”后回车，界面上部将显示该账户的有关信息，操作员必须将其与实际账户信息进行核对，确认无误后方可执行操作。

（2）冲销户是对销户操作的冲销，该账户必须为关闭状态。操作完毕，账户状态改为正常。

（3）该交易完成后原销户时作废的凭证重新被激活。

（四）界面操作

（1）账号：必须选择已经关闭的账户（可以通过“查询功能”获得），即“账户信息”中的“账户状态”必须为“关闭”。

（2）摘要：冲销户（图 5-21）。

二十二、重要空白凭证调配

（一）相关规定

（1）凭证调配是临柜柜员在办理业务过程中出现凭证或现金不足，为完成业务办理而向其柜台经理申请凭证调配的一种业务。

（2）凭证调配必须通过操作平台完成。

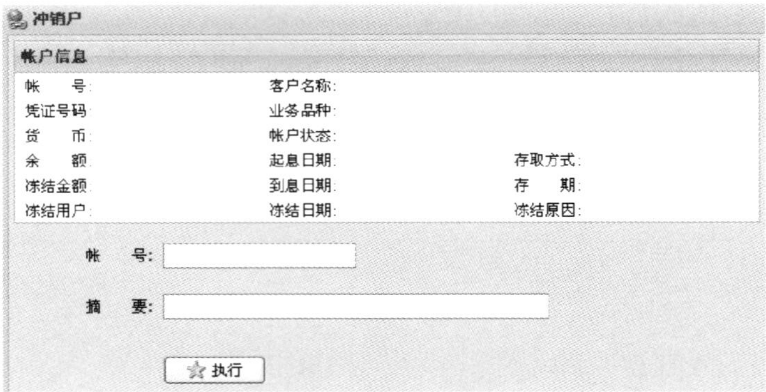

图 5-21 冲销户界面

(二)系统界面的进入

在主界面选择:通用模块—钱箱管理—凭证调配

(三)操作说明

(1)输入调配种类、货币、金额、对方钱箱。
(2)确认无误后,选择"执行"按钮,在系统的提示下操作。

(四)界面操作

(1)调配种类:选择 9 类凭证中的一类,不能选择现金。
(2)只能调配尾箱中有剩余的凭证。
(3)金额:为调配的张数,不能超过尾箱中的剩余凭证数量。
(4)对方钱箱:必须选择同一支行的钱箱(图 5-22)。

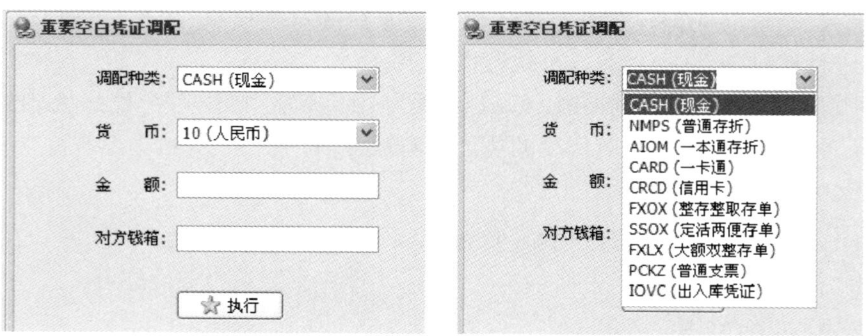

图 5-22 重要空白凭证调配

模块 6 个人代理业务

[知识要点] 掌握个人代理业务的基本规定，掌握逐笔代扣、批量代扣和批量代发业务的操作方法，另外会进行日终现金入库和重要空白凭证入库的处理。

[操作要点]

1. 代理合同录入
2. 代理批量录入
3. 批量明细增加
4. 逐笔代收(有代理清单)
5. 批量代扣
6. 批量代发

6.1 个人代理业务基本规定

一、个人代理业务的概念与种类

个人代理业务是指银行接受客户或单位的委托，利用自身的网络技术、机构网点和资金清算等方面的优势，以代理人身份代委托人办理一些双方议定的经济事项的业务。主要包括代收费业务、代发工资业务、代理发行和兑付国债业务、代理保险业务、银证转账和银证通业务等。在代理业务中，银行作为中介人应与委托人签订符合法律法规的协议，明确代理的内容、范围、对象、时间、方式和费用以及双方的权利和义务。

二、个人代理业务的基本规定

本书中的代理业务主要讲解代收费业务和代发工资业务。代收费业务是指收费单位委托银行收取某项费用的业务。主要是代理公用事业单位向其用户收取各种专项费用，如水电费、煤气费、有线电视费、电话费、物业管理费、保险费等。代收费业务发票纳入重要凭证保管，在“代收业务发票”科目中核算。

办理代收费业务应由委托单位与经办行共同签订有关代收业务的协议，明确各方应做的工作和责任，经办行为委托单位开立代收费专用的结算账户，根据双方协议规定的代收费时限、方式及其他要求办理代收费业务。

三、个人代理业务操作说明

本系统的代理业务主要是指逐笔代收(有代理清单和无代理清单两种)、批量代扣和批量代发工资三项业务。由于代理业务难度较大，三种操作方法的操作程序分别列示如下。

逐笔代收:代理合同录入—代理批量录入—批量明细增加—逐笔代收。

批量代扣:代理合同录入—代理批量录入—批量明细增加—批量代扣。

批量代发:代理合同录入—代理批量录入—批量明细增加—批量代发。

注意:批量代扣和批量代发的区别在于"代理类别"上。

四、案例说明

为完成这三项业务需要对合同录入、批量录入和批量明细录入的管理。分别用三个案例,采用层层深入的方法掌握业务实际操作。

案例 1(表 6-1)是以 1 个客户为标准,列举三种类型题的业务流程,即以"水费"为例说明"逐笔代收"的工作步骤,以"电费"为例说明"批量代扣"的业务流程,以"代发工资"说明"批量代发"的工作步骤。

案例 2(表 6-2)是以 2 个客户为标准,列举三种类型题的业务流程,即以"水费"为例说明"逐笔代收"的工作步骤,以"电费"为例说明"批量代扣"的业务流程,以"代发工资"说明"批量代发"的工作步骤。

案例 3(表 6-3)是以 3 个客户为标准,操作方法与案例 2 相同,能够巩固开立客户号和账户的操作方法。由学生自己完成。

6.2 个人代理业务实务操作

表 6-1 案例 1 一笔业务代收

案例 1 一笔业务代收(以水费为例)工作步骤	
逐笔代收水费	
代理合同录入	代理类别:水费托收。代理收付账号:9+交易部门编号+1040700001 客户名称:
代理批量录入	柜员输入系统自动生成的代理合同号,总笔数为 1,总金额为 100 元,其他项不用填
批量明细增加	柜员输入代理合同号及批量号(代理交易序号),涉及对象账号为客户的活期存款账号,涉及对象标志为账户名称,涉及金额为 100 元
逐笔代收 (有代理清单)	柜员按业务操作要求填入所有项目,收款金额为 100 元。执行后完成代收扣款操作
批量代扣电费	
代理合同录入	代理类别:电费托收。代理收付账号:9+交易部门编号+1040700001 客户名称:
代理批量录入	柜员输入系统自动生成的代理合同号,总笔数为 1,总金额为 200 元,其他项不用填
批量明细增加	柜员输入代理合同号及批量号(代理交易序号),涉及对象账号为客户的活期存款账号,涉及对象标志为账户名称,涉及金额为 200 元
批量托收(代扣)	柜员输入合同号、批量号,总笔数为 1,总金额为 200,执行后完成整个代扣业务

（续表）

批量代发工资	
代理合同录入	代理类别：代发工资。代理收付账号：9+交易部门编号+1040700001 客户名称：
代理批量录入	柜员输入系统自动生成的代理合同号，总笔数为1，总金额为1 000元，其他项不必填写
批量明细增加	柜员输入代理合同号及批量号（代理交易序号），涉及对象账号为客户的活期存款账号，涉及对象标志为账户名称，涉及金额为1 000元
批量托付（代发）	柜员输入合同号、批量号，总笔数为1，总金额为1 000，执行后完成整个代发业务

一、逐笔代收水费

（一）代理业务合同录入（为逐笔代收做铺垫）

（1）代理合同号：不填（执行后合同号自动生成）。

（2）代理类别：选择“水费托收”。

（3）代理收付账号：9+交易部门+1040700001。

（4）客户名称：由学生自己确定，建议设置为企业名称。

（5）点击“执行”后，系统自动生成合同号，合同号不重复，要求记住（图6-1）。

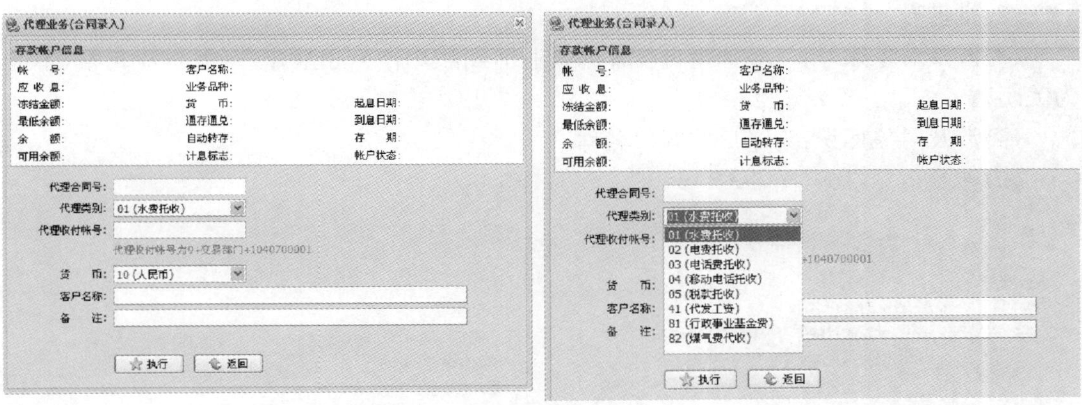

图6-1 代理业务(合同录入)界面

（二）代理业务批量录入（为逐笔代收做铺垫）

（1）代理合同号：上一笔“代理合同录入”所形成的合同号，包括“水费托收”。

（2）总笔数：填“1”。

（3）总金额：100。

（4）明细信息来源：选择“无来源”。

（5）来源批量号：不填（图6-2）。

注意：在此笔业务里形成一个批量号，要求记住。

图 6-2 代理业务(批量录入)界面

(三)代理业务批量明细增加(为逐笔代收做铺垫)

此笔业务就是将要代收水费的客户的账号及名称等信息填写清楚。

(1)代理合同号:“代理合同管理”所形成的合同号。

(2)批量号:填“1”。

(3)涉及对象账号:一般选择自己开的普通活期账户作为扣款账户(账户应正常,不能为关闭)。

(4)涉及对象标识:为账户的客户名称。

(5)涉及金额:100(图 6-3)。

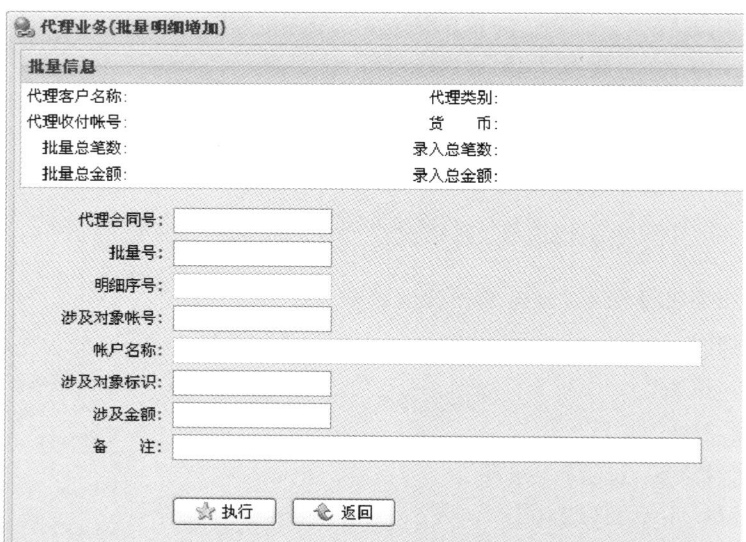

图 6-3 代理业务(批量明细增加)界面

（四）逐笔代收

（1）代理合同号：填写“水费托收”的合同号。

（2）批量号：填“1”（1指一批）。

（3）涉及对象标识：扣款账户的“客户名称”。

（4）收款金额：100。

（5）转出账号：填写扣款账户的账号。

（6）交易密码：必须准确填写（图6-4）。

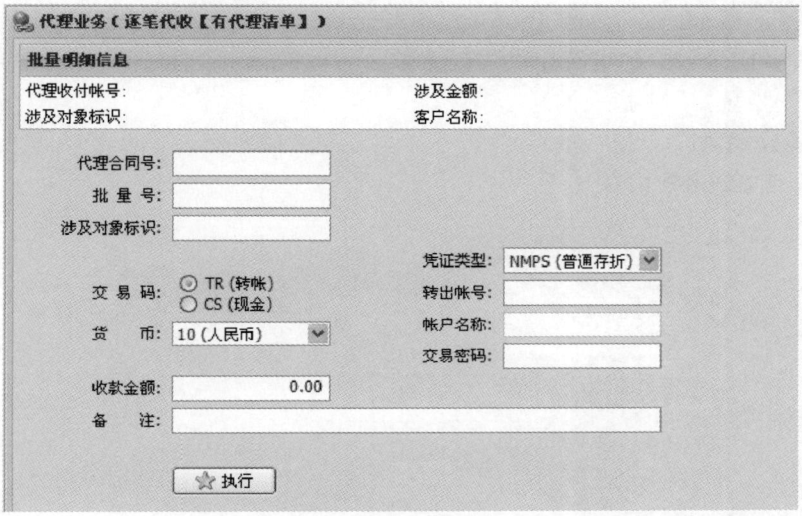

图6-4　代理业务（逐笔代收 有代理清单）界面

二、批量代扣电费

（一）代理合同录入（操作界面与上题相同）

（1）代理合同号：不填（执行后合同号自动生成）。

（2）代理类别：选择“电费托收”。

（3）代理收付账号：9＋交易部门＋1040700001。

（4）客户名称：由学生自己确定，建议设置为企业名称。

（5）点击“执行”后，系统自动生成合同号，合同号不重复，要求记住。

（二）代理批量录入（操作界面与上题相同）

（1）代理合同号：上一笔“代理合同录入”所形成的合同号。

（2）总笔数：填“1”。

（3）总金额：200。

（4）明细信息来源：选择“无来源”。

（5）来源批量号：不填。

注意：在此笔业务里形成一个批量号，记住。

(三)代理合同批量明细管理(操作界面与上题相同)

(1)代理合同号:“代理合同管理”所形成的合同号。

(2)批量号:填“1”。

(3)涉及对象账号:一般选择自己开的普通活期账户作为扣款账户(账户应正常,不能为关闭)。

(4)涉及对象标识:为账户的客户名称。

(5)涉及金额:200。

(四)批量代扣

(1)代理合同号:填写“电费托收”的合同号。

(2)批量号:填“1”(1 指一批)。

(3)总笔数:填“1”(1 指一批)。

(4)总金额:200(图 6-5)。

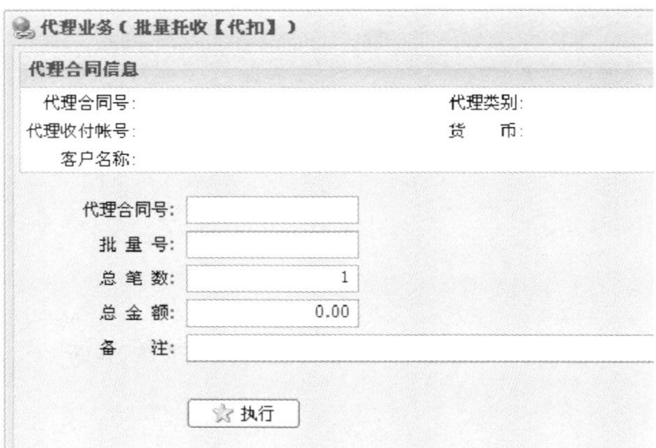

图 6-5　代理业务(批量托收代扣)界面

三、批量代发工资

(一)代理合同录入(操作界面与上题相同,注意代理类别的选择)

(1)代理合同号:不填(执行后合同号自动生成)。

(2)代理类别:选择“代发工资”。

(3)代理收付账号:9+交易部门+1040700001。

(4)客户名称:由学生自己确定,建议设置为企业名称。

(5)点击“执行”后,系统自动生成合同号,合同号不重复,学生要记住。

(二)代理批量录入(操作界面与上题相同)

(1)代理合同号:上一笔“代理合同录入”所形成的合同号。

(2)总笔数:填“1”(1 指一批)。

(3)总金额:1 000。

(4)明细信息来源：选择“无来源”。

(5)来源批量号：不填。

注意：在此笔业务里形成一个批量号，要求记住。

(三)代理合同批量明细管理(操作界面与上题相同)

(1)代理合同号：“代理合同管理”所形成的合同号。

(2)批量号：填“1”。

(3)涉及对象账号：一般选择自己开的普通活期账户作为工资账户(账户应正常，不能为关闭)。

(4)涉及对象标识：为账户的客户名称。

(5)涉及金额：1 000。

(四)批量代发

(1)代理合同号：填写“代发工资”的合同号。

(2)批量号：填“1”。

(3)总笔数：填“1”，因为只有一笔。

(4)总金额：1 000(图 6-6)。

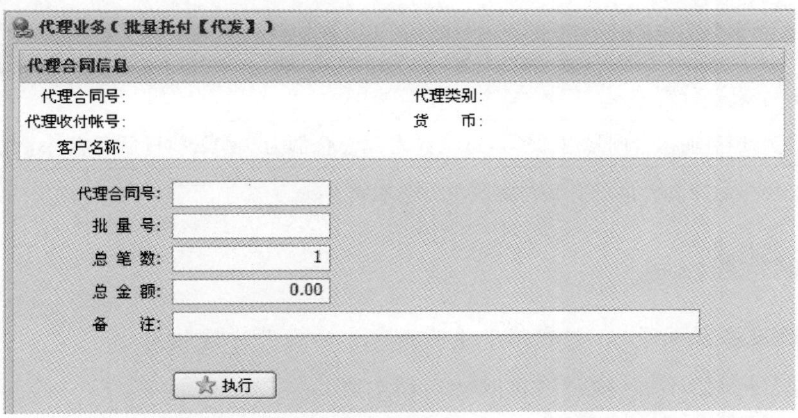

图 6-6 代理业务(批量托付 代发)界面

表 6-2 案例 2 多笔业务代收

案例 2 多笔业务代收(以 2 笔业务为例)	
代收水费	
代理合同录入	代理类别：水费托收。代理收付账号：9＋交易部门编号＋1040700001 客户名称：
代理批量录入	柜员输入系统自动生成的代理合同号，总笔数为 2，总金额为 600 元(每个客户 300 元)，其他项不用填
批量明细增加	柜员输入代理合同号及批量号(代理交易序号)，涉及对象账号为客户的活期存款账号，涉及对象标志为账户名称，涉及金额为每笔 300 元。(注意：两个客户的明细信息要分别输入)

（续表）

逐笔代收（有代理清单）	柜员按业务操作要求填入所有项目，收款金额为 600 元（每笔 300 元）。执行后完成代收扣款操作。（注意：分别代扣两次）
代收电费	
代理合同录入	代理类别：电费托收。代理收付账号：9＋交易部门编号＋1040700001 客户名称：
代理批量录入	柜员输入系统自动生成的代理合同号，总笔数为 2，总金额为 700 元，其他项不用填
批量明细增加	柜员输入代理合同号及批量号（代理交易序号），涉及对象账号为客户的活期存款账号，涉及对象标志为账户名称，涉及金额为每笔 350 元。（注意：两个客户的明细信息要分别输入）
批量托收（代扣）	柜员输入合同号、批量号，总笔数为 2，总金额为 700，执行后完成整个代扣业务
代发工资	
代理合同录入	代理类别：代发工资。代理收付账号：9＋交易部门编号＋1040700001 客户名称：
代理批量录入	柜员输入系统自动生成的代理合同号，总笔数为 2，总金额为 5 000 元，其他项不用填
批量明细增加	柜员输入代理合同号及批量号（代理交易序号），涉及对象账号为客户的活期存款账号，涉及对象标志为账户名称，涉及金额为每笔 2500 元。（注意：两个客户的明细信息要分别输入）
批量托付（代发）	柜员输入合同号、批量号，总笔数为 2，总金额为 5 000，执行后完成整个代发业务

注：案例 2 中带有下划线的部分是与案例 1 方法不同之处。

一、逐笔代收水费

（一）代理业务合同录入（与案例 1 中一个客户的操作方法相同）

（1）代理合同号：不填（执行后合同号自动生成）。

（2）代理类别：选择“水费托收”。

（3）代理收付账号：9＋交易部门＋1040700001。

（4）客户名称：由学生自己确定，建议设置为企业名称。

（5）点击“执行”后，系统自动生成合同号，合同号不重复，要求记住（图 6-7）。

（二）代理业务批量录入

与案例 1 中不同之处是 2 笔业务，总金额为两笔金额之和。

（1）代理合同号：上一笔“代理合同录入”所形成的合同号，包括“水费托收”。

（2）总笔数：填“2”。

（3）总金额：600。

（4）明细信息来源：选择“无来源”。

（5）来源批量号：不填（图 6-8）。

注意：在此笔业务里形成一个批量号，要求记住。

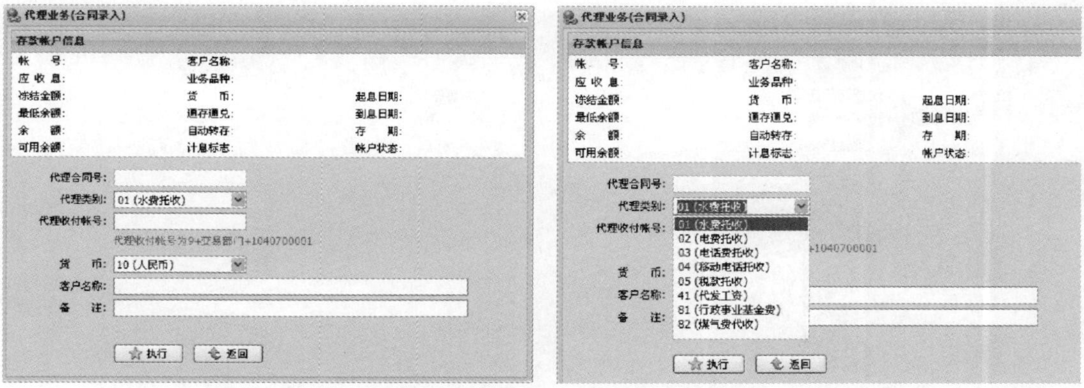

图 6-7　代理业务(合同录入)界面

图 6-8　代理业务(批量录入)界面

(三)代理业务批量明细增加

此笔业务的关键是将代收水费客户的账号及名称等信息填写清楚,凡是代收费客户的信息必须逐个录入,缺一不可。

(1)代理合同号:“代理合同管理”所形成的合同号。

(2)批量号:填“1”。

(3)涉及对象账号:一般选择自己开的普通活期账户作为扣款账户(账户应正常,不能为关闭)。

(4)涉及对象标识:账户的客户名称。

(5)涉及金额:300(图 6-9)。

注意:这仅仅是录入了一个客户的信息和金额,还需要录入另一客户的信息和金额,即本题需要做两遍,才能完成客户信息的录入,同样 N 个客户需要录 N 遍。

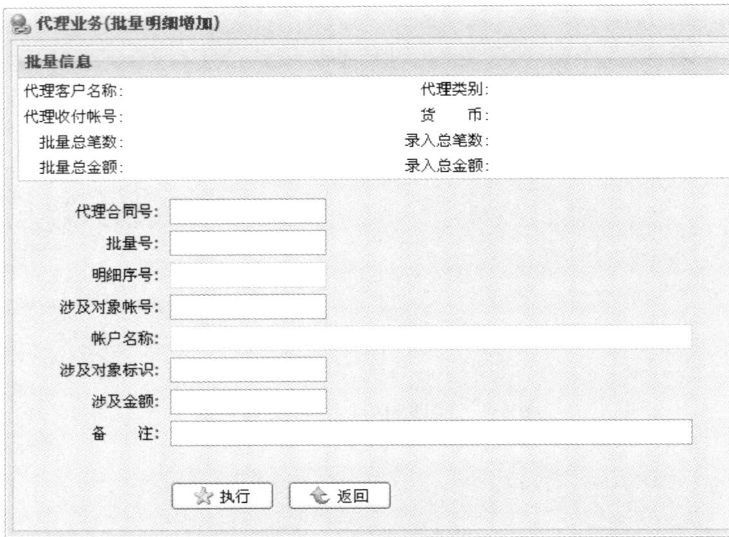

图 6-9 代理业务(批量明细增加)界面

(四)逐笔代收

(1)代理合同号:填写“水费托收”的合同号。

(2)批量号:填“1”(1 指一批)。

(3)涉及对象标识:扣款账户的“客户名称”。

(4)收款金额:300。

(5)转出账号:填写扣款账户的账号。

(6)交易密码:必须准确填写(图 6-10)。

注意:这仅仅是代收了一个客户的水费 300 元,还需要为另一个客户代收水费 300 元,即本题需要做两遍,才能完成两个客户端的水费代收工作,同样 N 个客户需要代收 N 遍。

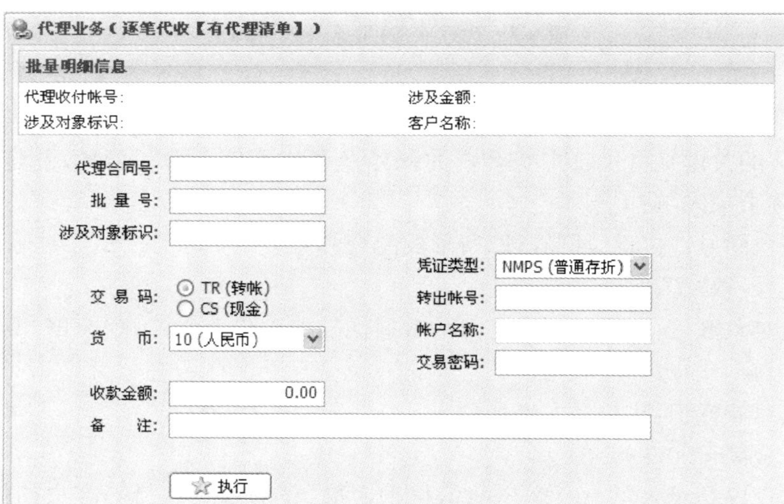

图 6-10 代理业务(逐笔代收 有代理清单)界面

二、批量代扣电费

（一）代理合同录入（操作界面与上题相同）

(1)代理合同号：不填（执行后合同号自动生成）。

(2)代理类别：选择"电费托收"。

(3)代理收付账号：9＋交易部门＋1040700001。

(4)客户名称：由学生自己确定，建议设置为企业名称。

(5)点击"执行"后，系统自动生成合同号，合同号不重复，要求记住。

（二）代理批量录入（操作界面与上题相同）

(1)代理合同号：上一笔"代理合同录入"所形成的合同号。

(2)总笔数：填"2"。

(3)总金额：700。

(4)明细信息来源：选择"无来源"。

(5)来源批量号：不填。

注意：在此笔业务里形成一个批量号，要求记住。

（三）代理合同批量明细管理（操作界面与上题相同）

(1)代理合同号："代理合同管理"所形成的合同号。

(2)批量号：填"1"。

(3)涉及对象账号：一般选择自己开的普通活期账户作为扣款账户（账户应正常，不能为关闭）。

(4)涉及对象标识：为账户的客户名称。

(5)涉及金额：350。

注意：这仅仅是录入了一个客户的信息和金额，还需要录入另一客户的信息和金额，即本题需要做两遍，才能完成客户信息的录入，同样N个客户需要录N遍。

（四）批量代扣（操作界面与上题相同）

(1)代理合同号：填写"电费托收"的合同号。

(2)批量号：填"1"（1指一批）。

(3)涉及对象标识：扣款账户的"客户名称"。

(4)收款金额：350。

(5)转出账号：填写扣款账户的账号。

(6)交易密码：必须准确填写。

注意：这仅仅是代收了一个客户的水费350元，还需要为另一个客户代收水费350元，即本题需要做两遍，才能完成两个客户端的水费代收工作，同样N个客户需要代收N遍。

三、批量代发工资

(一)代理合同录入(操作界面与上题相同,注意代理类别的选择)

(1)代理合同号:不填(执行后合同号自动生成)。

(2)代理类别:选择“代发工资”。

(3)代理收付账号:9+交易部门+1040700001。

(4)客户名称:由学生自己确定,建议设置为企业名称。

(5)点击“执行”后,系统自动生成合同号,合同号不重复,学生要记住。

(二)代理批量录入(操作界面与上题相同)

(1)代理合同号:上一笔“代理合同录入”所形成的合同号。

(2)总笔数:填“1”。(1 指一批)

(3)总金额:5 000。

(4)明细信息来源:选择“无来源”。

(5)来源批量号:不填。

注意:在此笔业务里形成一个批量号,要求记住。

(三)代理合同批量明细管理(操作界面与上题相同)

(1)代理合同号:“代理合同管理”所形成的合同号。

(2)批量号:填“1”。

(3)涉及对象账号:一般选择自己开的普通活期账户作为工资账户(账户应正常,不能为关闭)。

(4)涉及对象标识:为账户的客户名称。

(5)涉及金额:5 000。

(四)批量代发(操作界面与上题相同)

(1)代理合同号:填写“代发工资”的合同号。

(2)批量号:填“1”。

(3)涉及对象标识:工资账户的“客户名称”。

(4)收款金额:1 000。

(5)转出账号:填写扣款账户的账号。

(6)交易密码:必须准确填写。

案例 3:分别开两个普通客户号(每开一个身份证更改 1 位即可),在两个普通客户号下分别为你的家人开两个普通活期账户,每个账户存入 2 000 元,然后分别委托银行为你家三个人(包括你自己)代理水费、电费和工资发放,三人的总额度分别为 300 元、600 元和 900 元,代发工资额度为 8 000 元。

同学们,自己试一下吧!

注意:案例 3 与案例 2 相比只是输入笔数不同,其业务方法是相同的,而且案例 3 能够重新巩固开立客户号和账户的操作方法。

6.3 储蓄日终处理

一、重要空白凭证入库

(一)入库规定

一般情况下,一天工作结束,银行柜员需要将剩余的每一类空白表凭证做入库处理,第二天再重新领用。银行柜员要严格按照银行规定入库,不可擅自主张将凭证自己存放。

(二)界面操作

(1)入库种类:将 9 类剩余凭证全部入库。

(2)金额:填写凭证张数,一张为一元。(入库金额:不能超过学生尾箱中剩余凭证的张数)(图 6-11)

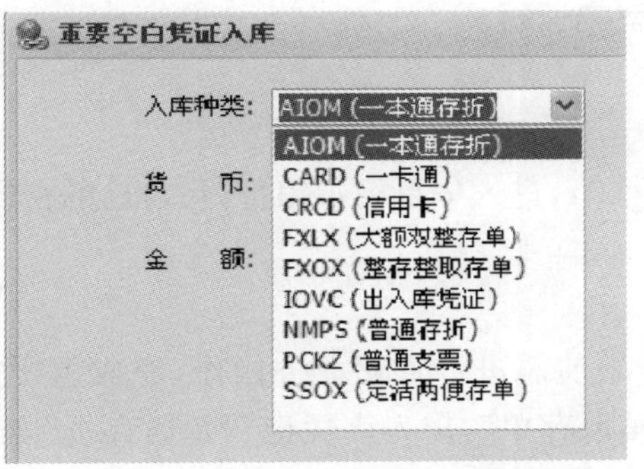

图 6-11 重要空白凭证入库界面

二、现金入库

(一)入库规定

(1)该交易用于网点操作员对操作员钱箱的现金进行上缴的业务处理,由柜员操作,操作完成后该批现金进入支行库钱箱。

(2)一般情况下,银行柜员在结束一天的工作后,要将尾箱中的现金入库,由银行将整个银行的所有现金进行整体押运存放,银行柜员应严格按规定进行现金入库,不得私自存放,第二天再重新出库。

(二)系统界面的进入

在主界面下选择:通用模块—钱箱管理—现金入库

(三)操作说明

录入要素为“货币”“金额”,均为必输项。

(四)界面操作

(1)出入库凭证号:填写8位的出入库凭证号。

(2)金额:由学生确定,但不能超过个人尾箱中的现金余额(图6-12)。

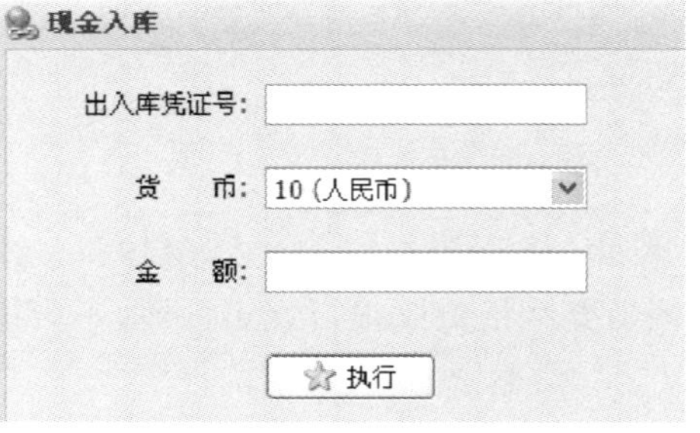

图6-12 现金入库界面

附:银行柜员对私业务典型实训题

1. 操作导引

2. 初始操作

银行柜员李聪聪,学号01,进入华夏模拟银行,将自己的密码、姓名、学号进行修改,并建立自己的钱箱。

3. 日初业务

李聪聪在每日营业开始前需进行日初业务操作,完成重要凭证的领用与出库。现将"一本通""一卡通""整存整取存单""出入库凭证""普通存折""定活两便存单""信用卡"等凭证各10张及"普通支票"25张,要求先领用后出库。10张凭证号为0001—0010,25张支票号为0001—0025。

4. 普通存折开户业务

个人客户王丽,身份证号码:370205197110283928,前来我行办理个人普通存折业务,柜员按客户要求为其办理上述临柜业务。

(1)客户打算开立一个普通活期账户,开户存入人民币5 000元。

(2)开立一个存期为一年的普通整存整取账户,开户存入人民币10 000元。

(3)开立一个通知期为一天的普通通知存款账户,开户存入人民币150 000元。

5. 普通存折存款业务

个人客户王丽到本行柜台办理普通存折续存业务,存入人民币8 000元至其普通活期账户。

6. 普通存折现金支取业务

个人客户王丽前来本行柜台办理现金支取业务。

(1)从普通存折活期账户中支取人民币3 000元。

(2)从普通存折整存整取账户中提前支取人民币2 000元。

(3)从通知期为一天的普通通知存款账户提前支取人民币50 000元。

7. 普通存折销户业务

将王丽的普通通知存款账户进行销户。

8. 一卡通业务

个人客户李文先生，身份证号码：370204196810102727，电话：13854246933，前来我行办理个人一卡通(借记卡)业务，柜员为客户办理以下三种业务。

(1)开立一个一卡通活期账户，开户存入人民币 10 000 元。

(2)开立一个存期为 1 年的一卡通整存整取账户，开户存入人民币 20 000 元。

(3)开立一个通知期为 7 天的一卡通通知存款账户，开户存入人民币 160 000 元。

9. 一卡通存款业务

柜员为个人客户李文办理一卡通现金存款业务，将人民币 10 000 元存入其一卡通活期账户中。

10. 一卡通现金支取业务

柜员为个人客户李文办理以下临柜现金取款业务。

(1)一卡通活期账户取现金人民币 2 000 元。

(2)一卡通整存整取账户提前支取人民币 1 500 元。

(3)通知期为 7 天的一卡通通知存款账户提前支取 50 000 元。

11. 一卡通销户业务

柜员为客户李文办理一卡通通知存款销户业务。

12. 个人储蓄特殊业务

柜员为个人客户办理以下临柜业务：

(1)为个人客户李文办理一卡通活期账户修改密码业务。

(2)为个人客户王丽办理整存整取存单换存单业务。

(3)为个人客户王丽办理普通活期存折换存折业务。

13. 信用卡业务

柜员为本行客户王丽办理以下临柜业务：

(1)本行信用卡客户王丽(卡号：8989091809180001)上个月信用卡消费 3 000 元，本日到柜台办理柜面缴款 3 000 元。

(2)信用卡客户王丽因急需现金，到柜台办理信用卡预借现金 2 000 元。

14. 日终处理

银行网点营业结束后，柜员办理日终业务操作，进行现金及重要凭证入库。柜员将所有未使用的凭证均进行入库操作并将个人钱箱中的现金全部入库。

15. 逐笔代收代理业务

华夏模拟银行为青岛自来水公司的客户王丽办理交纳当月水费 206 元，请为其办理代收水费业务。(王丽活期账号：009180002100010)

16. 批量代扣代理业务

华夏模拟银行为青岛电业公司客户王丽和李文批量代扣电费业务，当月电费分别为 210 元和 270 元，请为其办理电费代扣业务。(李文活期账号：009180004800010)

模块 7　个人网上银行

个人网上银行又称网络银行、在线银行，是指银行利用 Internet 技术，通过 Internet 向客户提供开户、销户、查询、对账、行内转账、跨行转账、信贷、投资理财等传统服务项目，使客户可以足不出户就能够安全便捷地管理活期和定期存款、支票、信用卡及个人投资等。可以说，个人网上银行是在 Internet 上的虚拟银行柜台。

7.1　个人网上银行概述

一、个人网上银行的特征

个人网上银行的特征可概括为 5W：实现为任何人（whoever）在任何时间（whenever）和任何地点（wherever）与任何账户（whomever）用任何方式（however）的安全支付和结算。具有以下五大优点：提高工作效率、改善服务质量、有利于提供更多金融服务项目和支付手段、加速资金周转、提高经营管理水平，因而在世界范围内迅猛发展。

二、个人网上银行的发展

全球首家网络银行“安全第一网络银行”于 1995 年 10 月 18 日在美国创建。1996 年 2 月，中国银行在互联网上建立和发布了自己的主页，成为我国第一家在互联网上发布信息的银行。1997 年，招商银行率先推出个人网上银行“一网通”，成为国内第一家上网的银行，随后中国银行、建设银行也推出了自己的个人网上银行业务。1998 年，中国银行、招商银行开通个人网上银行服务，此后工商银行、建设银行、交通银行、光大银行以及农业银行等也陆续推出网上银行业务。2007 年以来中国网上银行市场发展迅速，交易额规模实现爆发式增长（图 7-1）。各大银行将所有的银行业务都搬到了互联网上，并以交易量为主，占全部业务量的比重高达 25％以上，而且仍在快速增长之中。电子银行之所以受到客户青睐，关键在于它的方便、快捷、安全，具有传统网点服务无可比拟的优势。只要通过点击鼠标或拨打电话等方式就可以享受到快捷的金融服务；电子银行还能够提供许多传统网点无法提供的服务，如网上购物、自动转账、家庭理财等。

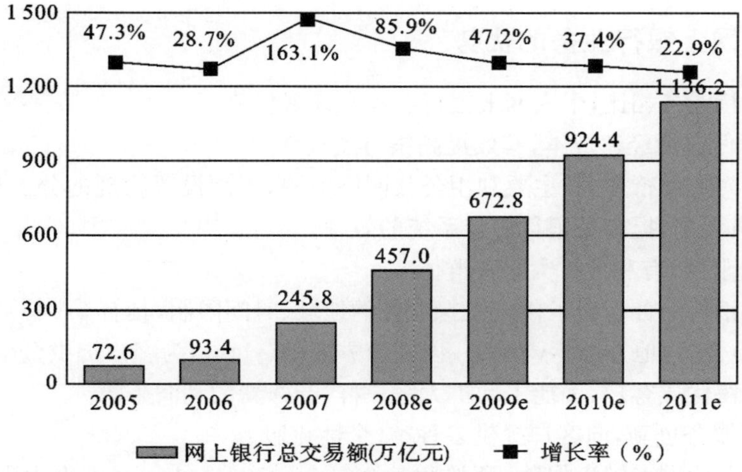

图 7-1 2005～2011 年中国网上银行交易额规模示意图

在我国，个人网上银行主要经历了四个发展阶段，逐步实现了从信息的发布向交易渠道和营销服务的转变。第一阶段是从 1996 到 1999 年的孕育阶段，银行主要开通了形象宣传、信息发布、建立网站、简单业务查询等业务；第二阶段是从 2000 到 2004 年的起步阶段，银行在此阶段主要是将传统业务逐渐移植到网上进行操作，从而实现了网上业务交易；第三阶段是从 2005 到 2010 年的发展阶段，银行为了满足客户需求，在传统银行业务需求基础上，对其进行业务功能和服务创先，从而建立了网银综合业务管理系统；第四阶段是自 2010 年以后的高度创新阶段，提供了更为强大的安全保障手段和措施，具有良好的多渠道互动业务功能，建立了良好的信用赔偿风险防范机制。

三、个人网上银行的运行特点

1. 金融业务创新的平台

个人网上银行是我国银行业金融创新的业务品种，是支付结算信托租赁业务的创新，是其不断发展并衍生出全新的业务品种的成果。个人网上银行利用其成本低廉的优势和因特网丰富的信息资源，对个人提供企业资信评估，个人理财顾问、专家投资分析等，强化银行信息中介职能。

2. 业务智能化、虚拟化

网络银行没有建筑物、没有地址，只有网址，其分行是终端机和因特网带来的虚拟化的电子空间，主要借助智能资本，客户无须银行工作人员的帮助，可以自己在短时间内完成账户查询、资金转账、现金存取等银行业务，即可自助式地获得网络银行高质、快速、准确、方便的服务。

3. 服务个性化

因特网向银行服务提供了交互式的沟通渠道，客户可以在访问网络银行站点时提出具体的服务要求，网络银行与客户之间采用一对一的金融解决方案，使金融机构在与客户的互动中，实行有特色、有针对性的服务，通过主动服务赢得客户，因而个人网上银行拥有更广泛的客户群体。

四、个人网上银行业务的优势

与传统银行业务相比，个人网上银行业务有许多优势。

1. 大大降低银行经营成本，有效提高银行盈利能力

开办个人网上银行业务，主要利用公共网络资源，不须设置物理的分支机构或营业网点，减少了人员费用，提高了银行后台系统的效率。

2. 无时空限制，有利于扩大客户群体

个人网上银行业务打破了传统银行业务的地域、时间限制，具有3A特点，即能在任何时候(anytime)、任何地方(anywhere)、以任何方式(anyhow)为客户提供金融服务，这既有利于吸引和保留优质客户，又能主动扩大客户群，开辟新的利润来源。

3. 有利于服务创新，向客户提供多种类、个性化服务

通过银行营业网点销售保险、证券和基金等金融产品，往往受到很大限制，主要是由于一般的营业网点难以为客户提供详细的、低成本的信息咨询服务。利用互联网和银行支付系统，容易满足客户咨询、购买和交易多种金融产品的需求，客户除办理银行业务外，还可以很方便地进行网上买卖股票债券等，个人网上银行能够为客户提供更加合适的个性化金融服务。

7.2 个人网上银行业务

一、个人网上银行业务介绍

以工商银行为例介绍个人网上银行开通步骤(图7-2)。

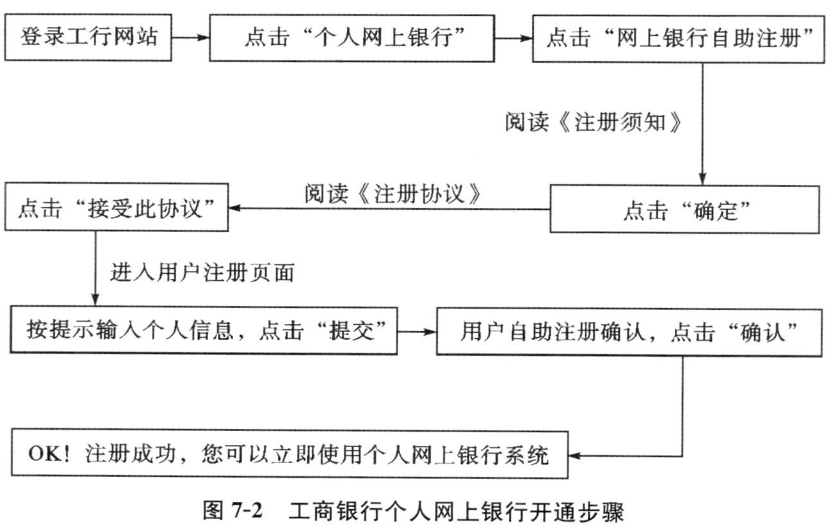

图7-2 工商银行个人网上银行开通步骤

一般来说，个人网上银行的业务品种主要包括基本业务、网上投资、网上购物、个人理财、其他金融服务五项业务。

1. 基本业务

商业银行提供的网上银行服务包括在线查询账户余额、交易记录、下载数据、转账和网上支付等。

2. 网上投资

由于金融服务市场发达，可以投资的金融产品种类众多，国外的网上银行一般提供包括股票、期权、共同基金投资和 CDs 买卖等多种金融产品服务。

3. 网上购物

商业银行的网上银行设立的网上购物协助服务，大大方便了客户网上购物，为客户在相同的服务品种上提供了优质的金融服务或相关的信息服务，加强了商业银行在传统领域的竞争优势，使网上客户数量日益增多(图 7-3)。

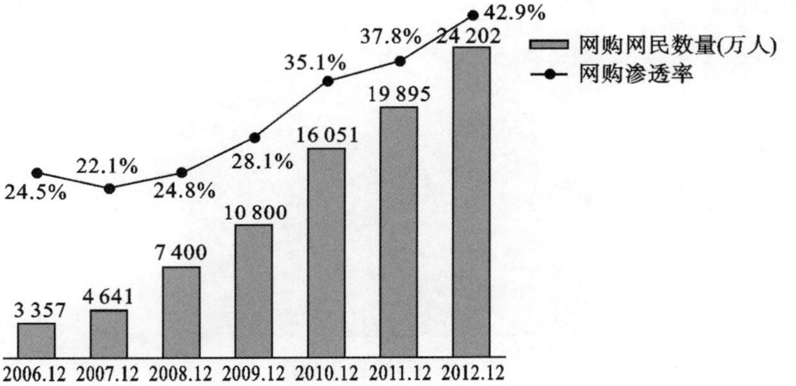

图 7-3　中国网购用户数量及渗透率

4. 个人理财助理

个人理财助理是国外网上银行重点发展的一个服务品种。各大银行将传统银行业务中的理财助理转移到网上进行，通过网络为客户提供理财的各种解决方案，提供咨询建议，或者提供金融服务技术的援助，从而极大地扩大了商业银行的服务范围，并降低了相关的服务成本。

5. 其他金融服务

除了银行服务外，商业银行的网上银行均通过自身或与其他金融服务网站联合的方式，为客户提供多种金融服务产品，如保险、抵押和按揭等，以扩大网上银行的服务范围。

二、网银安全

“网上银行”系统是银行业务服务的延伸，一方面，客户可以通过互联网方便地使用商业银行核心业务服务，完成各种非现金交易。另一方面，互联网是一个开放的网络，银行交易服务器是网上的公开站点，网上银行系统也使银行内部网向互联网敞开了大门。因此，如何保证网上银行交易系统的安全，关系到银行内部整个金融网的安全，这是网上银行建设中至关重要的问题，也是银行保证客户资金安全的最根本的考虑。

1. 设立防火墙，隔离相关网络

一般采用多重防火墙方案。其作用如下。

(1)分隔互联网与交易服务器,防止互联网用户的非法入侵。

(2)用于交易服务器与银行内部网的分隔,有效保护银行内部网,同时防止内部网对交易服务器的入侵。

2. 高安全级的 Web 应用服务器

服务器使用可信的专用操作系统,凭借其独特的体系结构和安全检查,保证只有合法用户的交易请求能通过特定的代理程序送至应用服务器进行后续处理。

3. 网上银行个人认证介质(安全工具)

目前常用的安全工具如下。

(1)移动数字证书。工行叫 U 盾,农行叫 K 宝,建行叫网银盾,光大银行叫阳光网盾,在支付宝中的叫支付盾(图 7-4)。

图 7-4 网银盾示意图

(2)电子银行动态口令卡(图 7-5)。动态口令卡是一种类似游戏的密保卡的卡。卡面上有一个表格,表格内有几十个数字。当进行网上交易时,银行会随机询问你某行某列的数字,如果能正确地输入对应格内的数字便可以成功交易;反之不能。动态口令卡可以随身携带,轻便,不须驱动,使用方便,但是如果木马长期在你的电脑中,可以渐渐地获取你的口令卡上的很多数字,当获知的数字达到一定数量时,你的资金便不再安全,而且如果在外使用,也容易被人拍照。

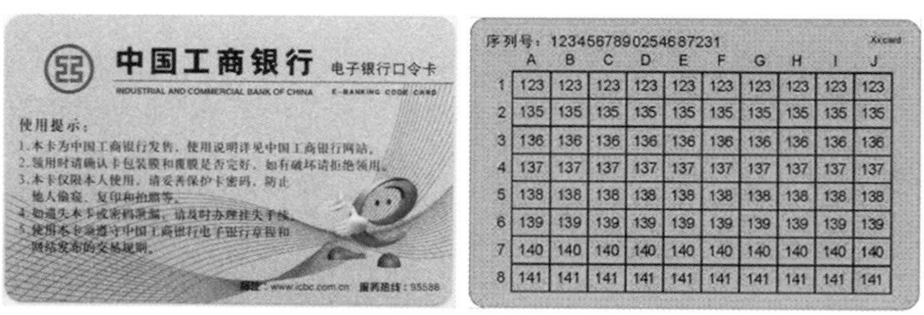

图 7-5 中国工商银行电子银行口令卡

(3)静态密码。密码是每一个网上银行必备有认证介质,记得要使用安全且易记的密码。密码也有弊端,容易被木马盗取或被他人偷窥。

(4)移动口令牌(图 7-6)。类似梦幻西游的将军令,一定时间换一次号码。付款时只需按移动口令牌上的键，这时就会出现当前的代码。一分钟内在网上银行付款时可以凭这个编码付款。如果无法获得该编码，则无法成功付款。

图 7-6 中国工商银行的移动口令牌

不需要驱动，不需要安装，只要随身携带就行，不怕偷窥，不怕木马。口令牌的编码一旦使用过就立即失效，不必担心付款时输的编码被他人看到，不会造成损失。

三、使用网银的注意事项

(1)使用完应立即退出网银。

(2)不要在网上银行卡账户中存入太多钱，存入的钱够用就行。

(3)勿在网吧等公共场所使用网银。

(4)不要用键盘输入密码，要用软键盘，这样就能防止键盘记录。